楊照

中國傳統經典選讀 ③

左傳

封建秩序的黃昏

目次

中國傳統經典選讀總序

楊照

一

二〇〇七年到二〇一一年，我在「敏隆講堂」連續開設了五年、十三期、一百三十講的「重新認識中國歷史」課程。那是個通史課程，將中國歷史從新石器時代到辛亥革命做了一次整理，其基本精神主要是介紹過去一百多年來在中國歷史研究上的許多重大、新鮮發現與解釋，讓中國歷史不要一直停留在「新史學革命」之前的傳統說法上，所以叫做「重新認識中國歷史」。

這套「中國傳統經典選讀」的內容，最先是以接續「重新認識中國歷史」的課程形式存在，因而在基本取徑上，仍然是歷史的、史學的，等於是換另一種不同的方式，重講一次中國歷史。

「重新認識中國歷史」由我從上下數千年的浩瀚內容中，依照我的判斷，選出重要的、值得介紹、討論的面向，來呈現中國歷史。「中國傳統經典選讀」則轉而希望降低個人主觀的選擇判斷成分，讓學員能夠從原典來認識、了解中國歷史。

從原典認識、了解中國歷史，牽涉到一項極其難得的幸運條件。兩千多年前的中國文字，兩千多年之後，我們一般人竟然都能不用透過翻譯直接閱讀，光靠直覺就能掌握其訊息大概，再多費點工夫多些解釋，還可以還原大部分的本意。中國古文字和我們今天日常使用的這套文字，有著明顯、強烈的延續性，現代通用的大部分文字，其起源可以直接追溯到《詩經》、《尚書》，少部分甚至還能再上推到甲骨、金文。儘管文法有相當差距，儘管字義不完全相同，但古文字和現代文字在運用上，有著容易對照的規律可循。

這是人類文明的奇特狀態。世界歷史上實在找不到另一個例子，從西元前三千年到現在，同一套文字、同一套符號與意義結合的系統，五千年沒有斷裂消失，因而可以直接挪用今天的文字習慣，來接近幾千年前的文獻。

高度延續性的文字傳統，在相當程度上決定了中國文明的基本面貌，也讓中國社會付出了相對的代價，才造就了現實中我們每個人身上極為難得的能力。我們沒有理由不去認知、善用如此特殊的能力吧！

二

閱讀原典的第一個理由是：中國歷史有其原初的材料，透過這些材料的累積、解釋、選擇，才形成了種種對於歷史的敘述說法。對於中國歷史有興趣的人，聽過了別人給的歷史敘述說法後，應該會想要回到原初材料，一方面看看歷史學者如何利用材料炒出菜餚的過程，一方面也自己去覆按檢驗歷史敘述的對錯好壞吧！

我們讀過課本介紹《詩經》是一本什麼樣的書，也聽過許多從《詩經》中擷取材料來重建西周社會面貌的說法，在這樣的基礎上去讀《詩經》，或許你會發現《詩經》的內容和你原本想像的不太一樣；也可以覆按你原先對西周的認識和《詩經》所顯現的，是不是同一回事。不管是哪種經驗，應該都能帶來很大的閱讀樂趣吧！

閱讀原典的第二個理由是：這些產生於不同時空環境下的文獻，記錄的畢竟都是人的經驗與感受，我們今天也就必然能夠站在人的立場上，與其經驗、感受彼此呼應或對照。也就是，我們能夠從中間讀到相似的經驗、感受，隔著時空會心點頭；也能夠從中間讀到相異的經驗、感受，進而擴張了我們的人生體會。

源於一份史學訓練帶來的習慣與偏見，必須承認，我毋寧比較傾向於從原典中獲取其與今日現實相異的刺激。歷史應該讓我們看到人類經驗的多樣性，看到人類生活的全幅可能性，進而挑戰質疑我們視之為理所當然的種種現實狀況。這是歷史與其他學問最根本的不同作用，也是史學存在、無可取代的核心價值。

三

前面提到，擁有延續數千年的文字，讓中國社會付出了相對的代價，其中一項代價，就是影響了中國傳統看待歷史的態度。沒有斷裂、一脈相承的文字，使得中國人和前人、古人極為親近、關係密切。歷史因而在中國從來都不是一門研究過去發生什麼事的獨立學問，歷史和現實之間沒有明顯的界線，形成無法切割的連續體。

理解歷史是為了要在現實上使用，於是就讓後來的觀念想法，不斷持續滲透進中國人對於歷史的敘述中。說得嚴重一點，中國的傳統態度，是一直在以現實、針對現實所需，改寫歷史。後世不同的現實考量，一層層疊在歷史上，尤其是疊在傳統經典的解釋上。因而我們不得不做的努力，是想辦法將這些後來疊上去的解釋，倒過來一層一層撥開，看看能不能露出相對比較純粹些的原始訊息。如此我們才有把握說，從《詩經》中，我們了解了兩千年前、兩千五百年前中國的某種社會或心理狀況。或是盡量放在周初的政治結構下來呈現《尚書》所表達的周人封建設計，而不至於錯置了秦漢以下的皇帝制價值，來扭曲《尚書》的原意。

意思是，我不會提供「傳統」的讀法，照搬傳統上對於這些文本的解釋。許多傳統上視之為理所當然的說法，特別需要被仔細檢驗，看看那究竟是源自經典原文的意思，還是後來不同時代，因應其不同現實需求，所給予的「有用」卻失真的解讀。

將經典文本放回其產生的歷史時代背景，而非以一種忽略時代的普遍角度，來讀這些傳統經典，是關鍵的前提。也是「歷史式讀法」的操作型定義。

在「歷史式讀法」的基礎上，接著才會有「文學式讀法」。先確認了這些經典不是為我們而寫的，它們產生於很不一樣的時代，是由跟我們過很不一樣生活的先人們所記錄下來的，於是我們就能排除傲慢、自我中心的態度，培養並動用我們的同理心，想像進入他們那樣異質的生活世界中，去接近他們的心靈遺產。

在過程中我們得以拓展自己的感性與知性能力，不只了解了原本無法了解的異質情境；更重要的，還感受了原本從來不曉得自己身體裡會有、可以有的豐富感受。我們的現實生活不可能提供的經驗，只存在於古遠時空中的經驗，卻藉文字跨越了時空，對我們說話，給我們新鮮、強烈的刺激。

正因為承認了經典產生於很不一樣的時空環境，當我們對經典內容產生感應、感動時，我們有把握，那不是來自於用現實的考量，斷章取義去appropriate（套用）經典，而是這裡面真的有一份普遍的人間條件貫串著、連結著，帶領我們對於人性與人情有更廣大又更精細的認識。

四

「選讀」的做法，是找出重要的傳統經典，從中間擷取部分段落，進行仔細解讀，同時以這些段落為例，試圖呈現一部經典的基本面貌，並說明文本與其產生時代之間的關係。

傳留下來的中國經典規模龐大，要將每一本全文讀完，幾乎是不可能的。而且這些文本中有很大部分，和我們今天的經驗有很大的差距，讀了並無助於理解現實，毋寧是讓我們心中產生異質的好奇感。因而我選擇的策略，是一方面從原典中選出一部分現代讀者比較容易有共感的內容，另一方面則選出一部分可以傳遞出高度異質訊息的，讓大家獲得一種跨越時空的新鮮、奇特刺激。前者帶來的效果應該是：「啊，他說得太有道理了！」後者期待在大家心中產生的反應則是：「哇，竟然有人會這樣想！」

解讀的過程中，會設定幾個基本問題。在什麼樣的時代、什麼樣的環境中，產生了這樣的作品？當時的讀者如何閱讀、接受這部作品？為什麼承載如此內容的作品會成為經典，長期傳留下來，沒有被淘汰消失？這樣一部作品，曾經發揮了什麼影響作用，以至於使得後來的其他什麼樣的典籍、或什麼樣的事件、思想成為可能？前面的經典和後面的經典，彼此之間有著怎樣的關係？

這幾個問題，多少也就決定了應該找什麼樣的經典來讀的標準。第一條標準，是盡量選擇具有原創性、開創性的作品。在重視、強調歷史、先例的文化價值下，許多中國著作書籍，是衍生性的。看看四庫全書所收錄的三千五百多種書籍，其中光是解釋《論語》的，就超過一百種。不能說這些書裡沒有重要的、有趣的內容，然而畢竟它們都是依附在《論語》這部書而來的衍生產物。因而我們就知道，優先該選、該讀的，不是這裡面任何一本解釋《論語》的書，而是《論語》。《論語》當然比衍生解釋《論語》的書，具備更高的原創性、開創性。

這條標準下，會有例外。王弼注《老子》，郭象注《莊子》，都大量援引了佛教觀念來擴張原典說法，進而改變了魏晉以下中國人對「老莊」的基本認識，所以雖然在形式上是衍生的，實質卻藏著高度開創性影響，因而也就應該被選進來認真閱讀。

第二條標準，選出來的文本，還是應該要讓現代中文讀者讀得下去。有些書在談論中國歷史時不能不提，像是《本草綱目》，那是中國植物學和藥理學的重鎮，但今天的讀者面對《本草綱目》，還真不知怎麼讀下去。

還有，一般中國文學史講到韻文文體演變時，固定的說法是「漢賦、唐詩、宋詞、元曲」，唐詩、宋詞、元曲當然該讀，但漢賦怎麼讀？在中國文字的擴張發展史上，漢賦扮演了重要的角色。漢朝的人開始意識到外在世界與文字之間的不等對應關係，很多事物現象找不到相應的字詞來予以記錄、傳達，於是產生了巨大的衝動，要盡量擴充字詞的範圍，想辦法讓字詞的記錄能力趕上複雜的外界繁亂光景。然而也因為那樣，漢賦帶有強烈的「辭書」性格，盡量用上最多最複雜的字，來炫耀表現寫賦的人如此博學。

漢賦其實是發明新文字的工具，儘管表面上看起來好像是文章，有其要描述、傳達的內容。多用字、多用奇字僻字是漢賦的真實目的，至於字所形容描述的，不管是莊園或都會景觀，反而是其次手段。描述一座園林，不是為了傳遞園林景觀，也不是為了藉園林景觀表現什麼樣的人類情感，而是在過程中，將園林裡的事物一一命名。漢賦中有很多名詞，一一指認眼前的東西，給他一個名字；也有很多形容詞，發明新的詞彙來分辨不同的色彩、形體、光澤、聲響……等等；相對的，動詞就沒那麼多。漢賦很重要，絕對值得介紹、值得認識，卻很難讀，讀了極端無趣。真要讀漢賦，我們就只能一個字一個字認、一個字一個字解釋，很難有閱讀上的收穫，比較像是在準備中小學生的國語文競賽。

還有第三條標準，那是不得已的私人標準。我只能選我自己有把握讀得懂的傳統經典。例如說《易經》，它是一本極其重要的書，卻不在我的選擇範圍內。儘管歷史上古往今來有那麼多關於《易經》的解釋，儘管到現在都還一直有新出的《易經》現代詮釋，然而，我始終進入不了那樣一個思想世界。我無法被那樣的術數模式說服，也無從分判究竟什麼是《易經》原文所規範、承載的意義，什麼是後世附麗增飾的。遵循歷史式的閱讀原則，我沒有能力也沒有資格談《易經》。

五

選讀，不只是選書讀，而且從書中選段落來讀。傳統經典篇幅長短差異甚大，文本的難易差異也甚大，所以必須衡量這兩種性質，來決定選讀的內容。

一般來說，我將書中原有的篇章順序，當作內容的一部分；也將書中篇章完整性，當作內容的一部分。這意味著，除非有理由相信書中順序並無意義，或為了凸顯某種特別的對照意義，我盡量不打破原書的先後順序，並且盡量選擇完整的篇章來閱讀，不加以裁剪。

從課堂到成書，受限於時間與篇幅，選出來詳細解讀的，可能只占原書的一小部分，不過我希望能夠在閱讀中摸索整理出一些趨近這本原典的路徑，讓讀者在閱讀中逐漸進入、熟悉，培養出一種與原典親近的感受，做為將來進一步自行閱讀其他部分的根柢。打好這樣的根柢，排除掉原先對經典抱持的距離感，是閱讀、領略全書最重要的開端。

第一章 以傳解經

記錄歷史的格式

《春秋左氏傳》是中國最早的「傳」體著作。「傳」的功用，是解釋「經」，《春秋左氏傳》的書名告訴我們，這是一本依附《春秋經》而成立，解釋《春秋經》的「傳」書。因為解釋《春秋經》的「傳」有好幾本，所以用「左氏」的名稱來和《春秋公羊傳》、《春秋穀梁傳》區別開來。

「春秋」原本是通稱，而非特定的書名。周代出現了一套記錄國家大事的固定格式，以時間順序為架構，先列出「年」，底下再用「時」，也就是季節及月份來細分事件前後。這種記錄法最典型的句子是：「元年，春王正月。三月……夏五月……秋七月……」「元年」指的是這個君王即位的第一年，所以正月改元，而「正月」之上一定會加上標示季節的「春」。同樣的，每一個月份都要加上所屬的季節，「夏五月」、「秋七月」等等。

在文本中，季節極為凸顯，「春」、「秋」經常出現，所以就將這樣的編年記錄體裁稱作「春秋」。

我們無法確知周天子王廷，是不是也有「春秋」，這種體裁是不是從天子王廷建立、流傳出來的？史料上能看到的，是到東周時，有好幾個封國都有自己的編年紀錄，大致都採取這種「春秋」形式，而其中最重要的——紀錄最詳盡，保存最好——是魯國的記錄文獻。

究竟是因為《魯春秋》保存最好、流傳最廣，所以取得了「經」的地位；或是在因果上倒過來，因為其他原因，《魯春秋》被認定為「經」，成為「王官學」中的一部分，使得《魯春秋》得有更好的機會廣為流傳、保存，我們也無法確知。我們能知道的只是：周人的「王官學」，也就是貴族教育的內容中，很早就有「春秋」這個項目，東周之後，「詩、書、易、禮、樂、春秋」這「六藝」中，「春秋」一項就以《魯春秋》為其主要內容。

我們今天講到《春秋》，概念中是歷史、是歷史記錄。從歷史記錄的角度與標準看，早在宋朝時，王安石就嘲笑《春秋》是「斷爛朝報」。「朝報」意謂裡面只有官方活動紀錄，誰和誰盟會，哪個國家和哪個國家打仗，幾乎沒有別的；而且就連官方活動記錄，都記得很簡陋、斷斷續續且充滿缺漏，所以說是「斷爛」。

現存《魯春秋》從魯隱公元年（西元前七二二年）開始，記錄到魯哀公十四年（西元前四八一年），前後二百四十二年。記錄了二百四十二年，《春秋》全文卻只有一萬八千字左右，算一下，每年平均只分配到七十個字，其中還要扣掉像「春王正月」這種沒有實質內容的套語呢！今天隨便一份報紙，光是前面四個要聞版的字數加起來，差不多就和《春秋》記錄二百四十二年的字數相當了。我們能怪王安石用「斷爛」來形容《春秋》

嗎？

掌握來龍去脈

不過，前提是我們認定《春秋》是一本歷史著作，而且我們認定先有這樣簡單、簡陋的《春秋》經文，然後才有解釋經文的《左傳》。先有「經」，才有「傳」，在面對像《毛詩》或《尚書大傳》時，沒有問題；在面對《春秋公羊傳》、《春秋穀梁傳》時，也沒有問題。《公羊》、《穀梁》都是依循著《春秋》的文句對應解釋的。

但面對《左傳》時，我們卻必須稍微小心一點，不能如此理所當然、想當然耳。表面上看，《左傳》也傍依著《春秋》，《春秋》經文起自魯隱公元年，《左傳》紀錄也起自魯隱公元年。但是《春秋》結束在魯哀公十四年，《左傳》卻結束在魯哀公二十七年，比《春秋》多了十三年的內容。也就是說，作為解「經」的「傳」，《左傳》裡竟然有十三年的解釋，沒有對應被解釋的文句。

另一個問題，《公羊》、《穀梁》主要在解釋《春秋》文句的意思，進而挖掘、分析對《春秋》為什麼這樣寫，而不那樣寫。《左傳》中也有這種直接解釋文句的部分，但《左傳》裡更多的，《左傳》真正的內容主體，卻是「以事解經」。也就是說，將《春秋》中簡單的三言兩語紀錄加以展開，讓讀者知道這件事的來龍去脈，還原其相對比較複雜的過程。

因為「以事解經」，所以「事」，而非「理」，才是《左傳》的重點。也因此才可能出現魯哀公十五年之後「有傳無經」的奇特現象。事實上，那就是從魯哀公十五年到魯哀公二十七年的大事紀，說明了那十三年間發生了哪些事。

換個角度看，魯哀公十五年到魯哀公二十七年的《左傳》內容，不會因為沒有相應的《春秋》經文而失去意義，仍然可以獨立地提供我們對那些年間歷史變化的訊息，那麼有什麼道理認定《左傳》其他兩百四十二年「以事解經」所記錄的「事」，不能獨立於經文存在呢？沒有經文，不用對照經文，占《左傳》絕大部分篇幅的事件紀錄，獨立來看，都是重要的歷史——《左傳》根本就可以獨立於《春秋》之外，自成一本豐富而精采的史書啊！

還有，《公羊》、《穀梁》的作者，可以對著《春秋》的文字，講出他們大部分的解釋，《左傳》卻不可能。《左傳》的作者再怎麼了不起，都不可能從《春秋》經文中簡單的「**夏五月，鄭伯克段于鄢**」幾個字，讀出從鄭武公娶妻開始，到後來莊公和太叔段間的兄弟之爭，再到太叔段逃到鄢等等複雜的過程。顯然，寫《左傳》的人，手中必須有別的記錄，才能依照這些記錄補充《春秋》中沒有記載的細節。

然而，《左傳》運用的這些材料，為什麼《春秋》的作者看不到？還是，為什麼《春秋》的作者不運用這些材料，把事件說明清楚呢？

答案的關鍵在：《春秋》的撰寫用意，很可能從一開始就不是著眼於我們今天所認知的「歷史」功能。《春秋》所關心的，回到那樣的時代環境下，是藉由文字將現實事件和應然禮儀、秩序、道理、原則，進行比對，並且將比對結果固定下來，供當時人及後人學習參考。也就是說，《春秋》的重點不在記錄發生了什麼事，而在人們應該如何理解這些事的意義，放在封建禮儀秩序下展現出來的意義。

換另一個方式說，《春秋》的核心功能是「正名」，找到符合封建禮教道理的方式將現實事件寫下來，傳留下去。孔子說：「必也正名乎！」那樣的價值觀念，應該是有周代封建，至少是魯國文化傳統為其背景的。

以血緣為基礎的封建秩序

讓我們試著從中國文字演進變化的過程，將這套邏輯說得更清楚些。

中國文字最早是作為一種宗教性的神祕符號出現的。商朝時，文字是商人發明、獨占的權力工具，用來傳達、記錄和天上祖宗神靈之間的溝通訊息。其運作類似於「三太子扶乩」時在沙盤上寫下的符號，或是道教裡的「靈符」。那樣的人為記號，一般人都看不懂，只有極少數人聲稱他們可以從中解讀出神祕意志的告示，甚至可以藉由這套符號和虛無飄渺的異界溝通，讓異界的力量為我所用，趨吉避凶。

商周之際，統治的模式有了巨大的轉變。周人學習、套用了商人發明的文字符號，卻明確拋棄了商人那種「神道設教」裝神弄鬼的思想，給了文字不同的用途。在周人手中，文字被鑄到不壞不朽的青銅器上，產生了抗拒時間、抗拒遺忘、抗拒變質的效果，文字所記錄的事情就這樣被明確地固定下來。

周人「翦商」，取代商人原有的政治地位，同時也徹底改變了統治的安排方式。他們用「封建」原則取代了原本的「共主」架構。「封建」的基礎，是親族、宗族關係，將源於父母兄弟親戚的人情互動，推擴出去，成為國與國之間的組織。領有這塊封地的人，是天子的弟弟，這個國也就必須對天子負擔和弟弟一樣的禮儀與行為責任。這個國君是那個國君的姪子，那麼兩國之間，也就自然形成了叔姪關係。

所以封建秩序的基礎和必要條件，是確認彼此之間的親族關係。親族關係很容易隨時間、隨世代遞嬗而變得不確定。你當然知道你的親兄弟是誰，但對堂兄弟、表兄弟，你就不見得都能夠記得明白、認得清楚了。更不要說到第三代、第四代，家族開枝散葉出去，彼此關係要如何一一記得、一一遵守了。何況，周人親族開枝散葉伴隨著封建開拓同時進行，例如周公子孫被封到離中央千里外的東方，召公子孫也被封到離中央千里外的北方，幾十年、上百年之後，誰還認得誰？

在這樣的情況下，周代封建竟然能夠維持幾百年，國與國仍然基本按照親族關係保留彼此地位階序與權利義務，一是靠複雜嚴密的禮儀，二就是靠文字。而且複雜嚴密的禮儀，往往也要靠文字才能代代完整傳留下來。

周初有一套特別的安排，叫做「昭穆制」。這是用以協助記憶親族關係的設計。簡單說，就是將單數代和偶數代分別開來。在宗廟祭禮上分成左右兩邊。一、三、五、七……代在一起；二、四、六、八……代在一起。一邊叫「昭」，另一邊叫「穆」。如此一來，就將代與代之間的關係減半劃分。你知道你屬「昭」，遇到同樣屬「昭」的，就知道兩個人要嘛同代，要嘛差兩代。若是遇到屬「穆」的，就知道他要嘛高你一代，要嘛低你一代。在辨識記憶上，排除掉一半錯誤的可能性，上下兩代的年歲差異，有時容易混淆，很多人會有年紀比他小的阿姨、叔叔，但相對比較不容易有和你年紀相當的姨婆、叔公吧？

這是很聰明的設計，而且符合隔代彼此親近的人性習慣。做爸爸的經常會在管教上和子女關係緊張起衝突，做祖父的，相對就會對孫兒比較寬容。所以「昭」代與「穆」代之間存在對抗、競爭氣氛，而「昭」代與「穆」代內部卻是和諧和樂的。

從「昭穆制」，我們看得出來：避免親族淆亂，確認彼此關係，在周人生活中極其重要。即使有了「昭穆制」，只要時間拉得更長些，還是難以避免產生錯亂。

還好，周人手上擁有一項比「昭穆制」更好用、更有效的工具來避免錯亂，那就是文字。可以用文字記下每個親族成員的輩分階序，編成淵遠流長、延續兩千多年而不紊亂的「族譜」。不只如此，更好的，還能用文字記下不同親族輩分階序之間的彼此對應關係與禮儀，讓關係間的彼此行為規範，也能不受時間侵蝕改變。倒過來，又以日常禮儀規範加強對於親族關係的認同。

「封建制」起於自然的人際親屬關係，然而要能維持「封建制」幾百年之久，絕對不可能單靠自然親屬感情，還需要很多人為的設計與努力。對周人而言，親屬關係同時就是政治關係，親屬關係破裂失序，必然帶來政治關係上的破裂失序。這可不是開玩笑的。

必也正名乎

今天留下來的《魯春秋》，提示了我們這些列國史記可能的起源與功能。藉由像《春秋》這樣的書寫，各國保存了自己和天子，以及和其他諸國間的親族記憶，並且在一次又一次書寫中固定、確認不同親族關係間的「對待之宜」。換句話說，《春秋》和其他類似的諸國史記，是當時的「封建教本」，用來反覆申說傳揚封建賴以運作的各層對待規範。

一國之內，卿、士大夫和國君之間，有來自封建親族的權利義務。國與國間，有來自封建親族的權利義務。各國對周天子，也有來自封建親族的權利義務。從周朝成立到《魯春秋》開端的魯隱公元年，這套封建制度已經存在至少三百年了，親族發展變得多麼龐雜，相應地，這些權利義務關係也會多麼龐雜！

親族愈龐雜，要維繫封建秩序，就會有愈來愈強的「正名」衝動。放回周代環境，「正名」絕不是簡單的事。那不是在字面上考究正確定義的活動，而是申說確認：在封建秩序下，這個親族名稱應該連帶有什麼樣的行為規範要求；擁有這樣的親族頭銜，就應該「實符其名」做到怎樣的正確行為。

《論語》中有一段紀錄，子路問孔子：「要是衛國國君願意用你，你認為最先該做的重要大事是什麼？」孔子回答：「必也正名乎！」有意思的是，子路的衝動反應是大大不以為然，對老師說：「何其迂也！」你的答案怎麼這麼老套，或你的答案怎麼這麼不切實際啊！然後，孔子教訓子路：「你太粗魯了！對於自己不懂的事，別亂發表意見。」

這段對話的背景，是衛國當時陷入父子爭奪王位的尷尬局面，孔子的「正名」顯然是針對這件事而來的。從孔子的價值信念看去，一個父不父、子不子的國家，是不可能好好治理的，一定得優先處理這個根本問題才行。可是就連孔子的大弟子，只比孔子年輕九歲的子路，都沒有這樣的信念了，子路想的，顯然是更直接的治理方案。

從西周進入東周，關鍵的變化就是：舊的封建規範逐漸被邊緣化、被遺忘了，取而代之的，是各國自我中心的打算，不再感覺到應該要在完整的封建架構下依照所據的位置行事。這正是孔子最擔心，最看不過去的。

孔子認為，國與國之間該如何和平相處，靠的就是回到這套封建秩序中，清楚辨認彼此的親屬關係，模擬親屬關係的上下遠近來安排，各安其位就不會有問題。反過來，如果親屬位分被遺忘了，或更糟的，被刻意忽略了，就必然產生脫序的現象。

《春秋》的本意，不是記錄發生了什麼事。從《左傳》敘述的豐富史事我們可以知道，當時一定另有其他比較詳細敘事的材料。《春秋》是要將這些事情在封建親族架構下的意義，給固定下來。《春秋》的簡明扼要，不是出於限制，而是刻意的。《春秋》假定讀這份文本的人，都知道這些事的來龍去脈，至少知道要去哪裡找關於事實的記載，《春秋》沒有要和藹可親地跟你說故事，而是板著臉孔教你每一件事背後的價值、道德教訓。

不是所有發生的事，都值得被記錄下來。更進一步，就算是值得被記錄下來的大事，也不必然就值得被寫進《春秋》裡。《春秋》有很不一樣、很明確的選擇標準，特別凸顯出那些和封建秩序有關的事件。嚴重破壞封建秩序的，或在艱難環境下仍然努力信守封建秩序的，是《春秋》記錄的首選。

經傳並存才有意義

理解這樣的時代用意，我們就很容易明白《春秋》根本的內在矛盾。那是「實然」與「應然」之間的矛盾。現實發生的事情，《春秋》要透過文字，給予「正確」的記載。這意味著，許多真實事件如果帶有「不正確」、「不應該」的過程或細節，會在紀錄中被犧牲掉。

例如，魯昭公二十三年，《春秋》經文記載：「**冬，公如晉，至河，公有疾，乃復。**」字面上的意義說，那年冬天，魯昭公要去晉國，到了黃河邊，卻因為生了病，所以沒有渡河就返回魯國了。

這是「正名」的寫法，記的是「應然」，卻顯然不符合事實。事實是：那一年魯國侵略旁邊的小國郲婁，侵占人家的土地。郲婁去向當時的霸主晉文公告狀，晉國要魯國解釋其行為，魯昭公派了使者前去說明，結果被晉國扣留不放。魯昭公害怕了，只好親自出馬，沒想到，在晉國邊界上，竟然被晉國拒絕招待，碰了一鼻子灰，魯昭公進不了晉國，自己退回來。

事實如此，可是從魯攻郲婁，到晉睥睨魯君，每一個環節都是違背封建之義的。《春秋》的對待方式，就是不承認這些悖禮的作法，在封建禮儀中，魯國君要去同屬姬姓兄弟之邦，而且都是「公國」平等層級的晉國，只有一種合禮的情況會出發了卻到不了，那就是魯君自己生病，所以《春秋》就把這件事記成「公有疾，乃復。」

我們今天一般的讀者，光是看這段文字，應該不可能聯想到背後還有什麼故事，只會真的以為魯昭公生病了，當然也就絕對不可能了解《春秋》這樣寫的用意。奇怪了，如此一來，《春秋》要「正名」的功能，不也就沒有效果了嗎？

所以，《春秋》從來無法獨立存在。要發揮彰顯封建應然秩序的作用，《春秋》至少需要兩個「配套」——一是相應的事實紀錄，讓人家了解原來魯去打了邾婁，而晉國是當時負責維持秩序的霸主，魯昭公是碰壁而回的；二是對於「實然」與「應然」差異的解釋，說明：事實是這樣，紀錄卻是那樣，中間的差距如何產生。

因而，《春秋》應該一開始就是「經傳並存」的，「經」的本文附隨著解釋經的文字，同時構成「王官學」的內容。而且，我們有理由相信，從一開始，《春秋》的傳文，應該就有兩種不同的性質，一種是像《左傳》這樣，補充事件實然記錄的；另一種是像《公羊傳》，專注於整理「應然」與「實然」間差距規則的。

「傳」是解經的。在諸經之中，《春秋》成文的年代，明顯晚於《易》、《尚書》、《詩》，但《春秋》的「傳」卻出現得最早，而且構成了發達的傳統。據漢朝的紀錄，就有五家解釋《春秋》經文的「傳」——公羊、穀梁、左氏、鄒氏、夾氏，後面兩家後來失傳了，前三家則得以流傳下來。

《左傳》雖然也對《春秋》的用字遣詞作解釋，但那只占很小一部分，主要的部分，是「以事解經」，將「實然」的事件鋪排出來，供人可以和《春秋》經文的記錄方式互相參照對應，如此來顯現《春秋》「正名」的精神與手法。

誰是左丘明？

《左傳》書名來源的一種說法是：作者為左丘明。從《左傳》內容及文字風格看，我們有理由相信可能有一個作者，從龐大的材料中，選出這些部分，並且予以剪裁齊整。貫串兩百多年漫長時間的記錄，如果不是經過悉心整理，不太可能自然呈現出這麼統一、漂亮的面貌。

然而，這個作者不太可能依靠個人之力完成《左傳》。他必須要能看得到、能夠運用龐大的文獻，而且還不只是魯國一國兩百多年間的文獻。《左傳》中的記錄跨了兩百五十五年，十二個魯國國君，要能完成這樣的記錄，這位作者應該是一個淵遠流長傳統的繼承者、集大成者。

左丘明是個什麼樣的人？很難說。因為傳統上，連他的名字都沒搞定。究竟他是姓左名丘明，還是姓左丘名明，沒有定論。還有一種說法是，他姓丘名明，上面的「左」字則是他的官名，來自於「左史」的簡寫。這是出自《禮記．玉藻》：「**動則左史書，言則右史書。**」《左傳》記的大部分都是事件，符合「動則左史書」的說法。

左丘明可能是「史官」傳統中特別優秀的一員。早在商代就有了世襲的「史官」。若說左丘明出身世襲的「左史官」家族，那麼就可以合理解釋為什麼他能掌握、運用廣泛、豐富的文獻材料。

不管左丘明是誰，我們今天都要對他充滿感激之情，因為《左傳》比任何其他文獻都更清楚、完整地保留了西元前第八世紀末到西元前第五世紀初，東周列國間所發生的事。這也就是今天被通稱為「春秋」的歷史時期。「春秋」之名源自《春秋經》，不過若是光看《春秋》經文，我們只能對那個時代霧裡看花，很難談得上認知了解「春秋」的人與事。今天我們能夠談論「春秋」的歷史，其實主要靠的是《左傳》所提供的扎實內容。

《左傳》幫助我們在兩千多年後，還能夠具體感受到什麼是封建秩序，封建秩序之下的人們如何思考、如何行事，也能夠具體感受到，這樣一套持續了幾百年的秩序正在逐步衰頹瓦解，因而對這些人的生活、感受，產生了多大的衝擊。

當然，《左傳》也有其限制。在這裡，我們看不到什麼平民百姓的活動。《左傳》的核心，和《春秋》一樣，是這個時代的列國關係，是在封建秩序中具有特殊意義的事件，那就無可避免地只以國君、卿士大夫貴族階層人物為主角。

第二章　封建秩序崩壞史

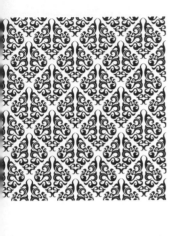

霸主崛起的關鍵時刻

《左傳》大不同於《尚書》，其文字風格和後世的中文緊密相接，而且其描述、議論，有著特殊的感染力，所以長期以來，被視為是中國散文的源頭，也是兩千多年來中國士人必讀、必學的文章範本，甚至到了二十一世紀，在我們的中學國文課本裡，《左傳》選文從來也沒有缺席過。

透過單篇選文的方式讀《左傳》，可以讀到好的文章，還能讀到好的故事，卻沒有辦法獲得對《左傳》較為全面的觀照，尤其是無從掌握《左傳》作為「解經之傳」，它和《春秋》經文之間的關係。

要彌補這樣的缺憾，最好的方法是選一個大段，而不是單獨故事來讀。不只看《左傳》中有什麼故事、有什麼文章，而且同時注意《左傳》用什麼樣的順序排列文章，有什麼樣的結構。

過去讀歷史，我們早早就知道東周可分為前後兩期，前有「春秋五霸」，後有「戰國七雄」。我在前面簡單的導論介紹中，多次提到「封建秩序的崩壞」，但「春秋五霸」如何形成？封建秩序又以什麼方式崩壞？很難抽象地理解。若是能依循《左傳》的記錄，隨著《左傳》的時間流變，就會有比較具體的感受、掌握。

讓我們試著從魯莊公元年讀起，按照《左傳》原文順序，對照《春秋》經文來讀。魯莊公年間，正是「春秋五霸」崛起的時代，周天子權威陵夷，號令難行，於是齊、晉、宋、楚等幾個古國、大國，藉由軍事和外交的操作，將自己的地位提昇到其他國家之上，代替周天子來維持封建規矩，阻止各國任意互相攻伐，新的國際秩序就在這二、三十年間形成。

魯莊公即位之初，還沒有「霸」者。到魯莊公三十多年後去世時，齊國已經明確擁有大家共認的霸主地位，而晉國正經歷一場大亂。亂後掌權的晉文公，不久取代了齊桓公，成為新的霸主。

莊公這三十多年時間中，列國間發生的事，依照先後順序，一件件在我們眼前展開，不用刻意解釋，我們就能看出「霸」這個角色的來龍去脈，以及在那個時代條件下的必要性，同時也就能看出封建秩序如何露出種種破綻，愈來愈來維繫不下去。而這兩件事：封建秩序崩壞和「霸」者的興起，在這樣的紀錄中，很明確是因果相連的；舊秩序收束不住，所以需要新角色來壓住場面，但是新角色的所作所為又必然繼續毀壞舊秩序殘剩的基礎。

實力與舊制度的對抗

魯莊公元年，《春秋》經文第一條是：「**元年，春王正月。**」相應的傳文是：「**元年春，不稱即位，文姜出故也。**」這是針對文字作出解釋，若依《春秋》通例，一個新的魯君上台即位，寫法要像魯桓公元年這樣：「**元年，春王正月，公即位。**」對照之下，魯莊公元年的記載，明顯少了「**公即位**」三個字。為什麼？因為莊公的生母，魯桓公的夫人「文姜」，這個時候留在娘家齊國，沒有回到魯國。這是「文姜出故也」的意思。

進一步追問：為什麼「文姜」不在魯？又為什麼「文姜」不在這件事那麼重要，以致改變了《春秋》記錄莊公即位的寫法呢？《左傳》把這段事件的始末記錄在前一年，桓公十八年。「**十八年春，公將有行，遂與姜氏**

如齊。」這年春天，魯桓公有外出行程，是和夫人姜氏，就是文姜，去了齊國。「**申繻曰：『女有家，男有室，無相瀆也，謂之有禮。易此，必敗。』**」魯國的一位大夫申繻特別對魯桓公說：「女人有丈夫，男人有妻子，不相違背，如此叫做有禮。如果不遵從的話，一定會帶來禍患。」這句話最特別的地方，在於一點深意都沒有。夫妻為親族的起源，必須彼此遵守婚約，才算守禮，這樣的常識，需要申繻來說？魯桓公會不知道？

繼續讀下去就知道了，「**公會齊侯于濼，遂及文姜如齊。齊侯通焉，公謫之，以告。**」魯桓公和當時齊國國君齊襄公在濼這個地方正式會面，然後帶著文姜到了齊國。結果齊襄公和文姜私通，魯桓公知道了，痛罵文姜，文姜就去跟齊襄公哭訴告狀。

齊襄公和文姜是同父異母的兄妹，兩人私通，不只是讓魯桓公戴綠帽，還是亂倫的行為。更糟的是，私通不是第一次發生，許多人早有耳聞，幾乎是公開的祕密，所以申繻才會一聽魯桓公要帶文姜到齊國去，特別給他那樣的警告。申繻實際上是要勸魯桓公改變去齊國的主意吧？傳聞紛紛的情況下，讓文姜回齊國，豈不是魯桓公自己在替她和齊襄公製造幽會的機會？

接下來：「**夏四月丙子，享公。使公子彭生乘公，公薨於車。**」發生疑案了。初夏這一天，齊襄公宴請魯桓公，派公子彭生去替魯桓公駕車，沒想到魯桓公竟然就死在車上！從上下文看，《左傳》對這件事其實已經提供了從動機到死因的解釋了。

魯桓公死於齊，「**魯人告于齊曰：『寡君畏君之威，不敢寧居，來修舊好。禮成而不反，無所歸咎，惡於諸侯，請以彭生除之。』齊人殺彭生。**」「魯人」顯示這時魯國沒有國君了，魯國的臣子到齊國去表達了他們的看法：「我們的國君本來在自己國家好好的，是因為敬畏齊君的威望，和齊國有了齟齬，無法安居，才特地親自來此和齊君會面，修復兩國關係。會面的禮儀完成了，魯國君竟然無法活著回去，如果沒有人為魯君之死承擔責任的話，在諸侯之間恐怕說不過去吧！至少應該要公子彭生受罰，來消除諸侯們對這件事的惡劣觀感。」於是齊國將公子彭生殺了，算是對魯國賠罪。

這樣一件事，大有助於我們感受時代氣氛。一方面是齊襄公如何不顧傳統儀節，已經將異母妹文姜嫁給魯國國君，卻明目張膽持續和她私通，還進一步為了維護妹妹兼情人，索性謀殺了魯國國君。如此囂張，還不是仗恃著齊國是個大國、強國！

但另一方面，即使惡霸如齊襄公，還是不得不受到諸侯集體評判的壓力。當魯人以「**惡於諸侯**」為由提出要求時，齊襄公還是必須接受、照辦。

也就是說，這個時代，兩種不同的邏輯、秩序並存著，彼此拮抗、角力。一種是大小強弱的邏輯，強在上，弱在下，強者大者說話大聲，小者弱者不能不聽、不能不遵從。另外一種是傳統的封建秩序，由家族親疏長幼外擴的倫常關係，來判定行為的是非好壞。兩種邏輯、秩序在不同的場合中，會有各種互動、消長、妥協，這也正是《左傳》這部書中最常見的內容。

裁剪編排凸顯爭議

魯桓公因為這樣的事死在齊國，文姜當然沒有立場回魯國去，乾脆留在齊國。《春秋》上破例不寫「公即位」，就是為了凸顯這件荒誕悖禮的事。

接著，《春秋》又記：「**三月，夫人孫于齊。**」《左傳》解釋：「**三月，夫人孫于齊。不稱姜氏，絕不為親，禮也。**」三月，文姜留在齊國，放棄了魯國國君夫人的身分。「孫」同「遜」，放棄名位的意思。這裡只用了她原來的正式頭銜「夫人」，而不稱呼比較私人的「姜氏」，是因為她做了這樣的事，等於斷絕了和莊公之間的母子關係，基於禮，不能用比較親暱的稱呼。

桓公死，文姜不回魯國奔喪，等於桓公的喪禮沒有完成，以是莊公即位於禮有憾，等到三月，文姜正式留在齊，莊公斷絕了和她之間的母子關係，才算於禮無虧。

接下來，《春秋》有這麼一條經文：「**秋，築王姬之館于外。**」《左傳》加了簡單的解釋：「**秋，築王姬之館于外。為外，禮也。**」那一年，周平王的孫女要嫁到齊國去，這就是「王姬」。然而，依照封建層級安排，周天子不能自己主持婚禮，所以要先將「王姬」送到同姓的魯國，等於是先過給魯國國君，再由魯國國君主持婚禮。魯和天子同為姬姓，地理上在齊近旁，而且地位上，和齊同屬最高層的「公」，所以由魯來「代嫁」，最為適合。「王姬」到了魯國之後，因為她畢竟不是真正的魯國公主，還是「王姬」，應該要有特別的對待。如果將她迎入魯國宮中，就不對了，因此為她準備了宮外的房舍暫居（「館」），這才是合乎禮儀的。

這一年，《春秋》一共有八條記錄，但《左傳》只就其中三條作了說明。其他五條為什麼不解？一種原因是，事件很單純、很清楚，不需多說。例如「**王姬歸于齊**」，這是前面一條的後續，我們一看就明白，所以後來「王姬」就順利嫁到齊國去了。或者是像是「**冬十月乙亥，陳侯林卒。**」陳侯是個重要的貴族，但他的死沒有什麼複雜的內情，有《春秋》直接記錄就夠了。

另一種原因，事件的經過合乎禮，沒有疑義、沒有問題，《左傳》也就不須多做補充。例如「**王使榮叔來錫桓公命**」，要以周天子的名義將魯國的爵位交給莊公繼承，所以周天子就派了榮叔來擔當這樣的任務，顯然榮叔的地位與能力，和這樣的使命是相稱的。

還有另一種更常見的原因，那就是《春秋》記錄的事件，會有後續發展，所以《左傳》不急著在這一年多做說明，而是等到事件出現最精采、最戲劇性或最爭議性變化時，《左傳》才一併解釋。從這點安排上，我們可以看出《左傳》與《春秋》經文的微妙差別，《春秋》是嚴格編年的，《左傳》卻為了讓讀者能夠掌握事件來龍去脈因果環節，而改以「紀事本末」的方式呈現。

國際關係的連鎖反應

莊公二年，《春秋》經文一共記錄了五件事，但依照上述的原則，《左傳》只選了一條來給予補充說明。唯一解釋的一條，經文是：「**冬十有二月，夫人姜氏會齊侯于禚。**」傳文是：「**二年冬，夫人姜氏會齊侯于禚，書，姦也。**」強調《春秋》之所以記錄這件事，帶有譴責意味，要讓人家知道，到了二年冬，文姜都還持續在和齊襄公幽會私通，並沒有因魯桓公之死而有所收斂。這也同是表明了，莊公即位之初，對魯國而言，最重要也是最困擾的事，莫過於文姜與齊襄公之間的不倫關係，造成了齊魯兩國間極難預測、控制的變數。

莊公三年，《春秋》經文：「**三年春王正月，溺會齊師伐衛。**」傳文：

「三年春，溺會齊師伐衛，疾之也。」儘管解釋只有短短「疾之也」三個字，卻就告訴我們，這不是件合於禮法的事。「溺」是魯國的大夫，他率領了軍隊加入齊國，一起去打衛國。然而，《春秋》慣例，說到國內的大夫，一般都稱「某氏」，這裡卻省掉了比較尊重的「氏」字，只稱「溺」，就表示對「溺」的行為不認同。為什麼「疾之也」？因為「溺」並不是奉魯君之令去協同齊國打仗的，他自做主張，動員了自己的人馬去的。從前面讀下來，我們明白了，當魯和齊因為魯桓公之死、因為文姜的問題搞得很緊張時，魯國的大夫卻私自「會齊師」，是什麼居心？從魯國的角度看，很可疑，也很可惡吧！

更進一步看，莊公即位到了第三年，然而他對於魯國國政並沒有足夠的掌握。為了文姜的事，魯和齊關係尷尬，魯國國內的重要大夫卻不經莊公同意，自作主張配合齊國軍事行動，讓莊公情何以堪？從桓公十八年一路讀下來，相關條文彼此接續，我們才讀得出這份意義來，弄明白了：《春秋》要我們如何理解、如何感受「溺會齊師伐衛」這件事。《春秋》記錄一件事的同時，也指引讀者應該用什麼方式看待、評斷這件事，紀錄和價值、敘述與評斷，緊密纏結在一起。

下一條經文：「**夏五月，葬桓王。**」《左傳》的釋文只多加了兩個字：「**緩也。**」實質上只有一個字，「緩」。但一個字就夠引導我們去查一下，「桓王」，周桓王到底哪一年死的？周桓王死於西元前六九七年，而魯莊公三年，是西元前六九一年。桓王死了六年之後才下葬，的確很晚。《春秋》特別記錄在此，表示一定有遲葬的理由。周桓王死後，由周莊王繼位，但實際權力落在周公黑肩身上，他謀策要廢周莊王，改立王子克為王。朝中紛擾不休，以至於連替周桓王下葬的大事都延遲了。

《春秋》以記錄魯國發生的事為主，輔以相關的諸國動態，對周天子王廷著墨有限，因而今天我們對於周天子在這段時間的活動了解不多。不過，換個角度看，這也充分顯示出，東周之後，周天子雖然還是名義上的政治中心，不過王廷本身問題重重，愈來愈難號令諸侯，於是時代的動力、主要的變化也就移轉到列國諸侯身上了。

再下一條，經文：「**紀季以酅入於齊。**」《左傳》增加的說明則是：「**紀於是乎始判。**」這又是封建秩序瓦解的另一個重要跡象——紀國國君的弟弟（紀季）將他的封地「酅」納入齊國。所以《左傳》說：紀國從這個時候開始分裂（判）了。大國的存在，影響到小國內部的紛爭。本來是兄弟鬩牆，出於自衛、也出於報復的心理，弟弟乾脆就帶著封地投靠齊國，尋求齊國的支持、保護，如此一來，本來就小的紀國變得更小了，本來就大的齊國變得更大了，諸國之間的勢力消長，逐漸朝著大者愈大、小者愈小的兩極化方向發展。

再下一條，經文：「**冬，公次於滑。**」《左傳》傳文：「**冬，公次於滑，將會鄭伯，謀紀故也。鄭伯辭以難。凡師，一宿為舍，再宿為信，過信為次。**」先看傳文後半句，幫我們詳細解釋了「次」字的正確意思。軍隊在外，停留一個晚上，叫做「舍」；停留兩個晚上，叫做「信」；若是停留兩個晚上以上，那才叫做「次」。軍隊停留時間長短不同，在封建秩序與禮儀上，具有很不一樣的意義，那麼就要在文字上仔細、精確地分辨出來。因而，《春秋》所記錄的是：冬天，魯莊公帶領軍隊出去，在「滑」這個地方停留了好幾天。

奇怪了，帶軍隊出去，不進不退，在那裡逗留幹什麼？是為了要和鄭國國君會面，商量紀國的事。原來這條記錄，是上一條的後續，紀國分裂，而且「酅」這塊地被獻給了齊國。魯莊公不願見到齊國得利，想出兵幫助季侯將「酅」奪回來。可是光靠自己的實力，他沒有足夠把握，於是想拉攏鄭國

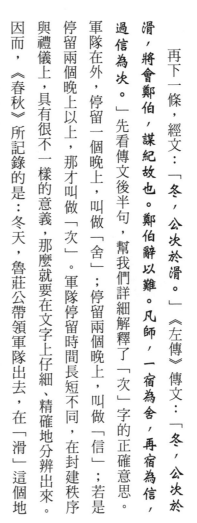

一起行動，然而等了幾天，最後得到的卻不是好消息。鄭國國君拒絕了，理由是鄭國此時國內本身也不安定，自顧不暇。

鄭國之「**難**」，《左傳》前面就記錄過了。當時的鄭國國君，是子儀。子儀的父親死後，國君的位子原本傳給了子儀的哥哥，鄭厲公。然而沒有多久，鄭國的世卿、大夫不滿鄭厲公的作為，發動政變，趕走了鄭厲公，擁立子儀。可是鄭厲公並沒有離開鄭國，留在自己的地盤「櫟」，持續給予子儀很大的壓力。在這種狀況下，子儀的確沒有條件調軍隊出國，配合魯莊公的行動。

因為鄭伯子儀沒有答應魯莊公之請，魯莊公也就只好黯然退兵，這就是為什麼「次於滑」的原因，軍隊出發了，在「滑」停留好幾天，最後沒有任何戰役、沒有任何建樹，只留下「次」的紀錄。

紀這個小國的內部糾紛，先是影響了大國齊，接著又因為齊魯兩個大國的尷尬局勢，連帶影響了魯，更進一步，再經由魯國的打算，又牽動了鄭國。這樣一個案例，讓我們看到了這個時代在封建制度中的連環反應模式。

合「禮」的侵略

《左傳》，還有《公羊傳》、《穀梁傳》，都凸顯了《春秋》的一項特色，那就是用字非常謹慎。表面上看起來像是相通的文字，表面上看起來似乎一樣的說法，在讀《春秋》時都不能馬虎隨便。《春秋》的書寫，幾乎沒有真正的可以互換的「同義詞」，每組字詞之間都有細膩的差異，就是靠細膩的字詞差異區別，才使得《春秋》可以用如此簡潔的風格，傳遞那麼複雜的價值評斷與背後潛在的原則討論。

莊公四年，《春秋》經文記錄了六件事，《左傳》上的相應紀錄卻只有兩條，而且其中一條還不是依附經文而寫的，它記載了一件《春秋》上沒提到的事。

《左傳》傳文：「**四年春王三月，楚武王荊尸，受師孑焉，以伐隨。**」楚國是當時的另一個大國，擁有龐大的武力，而「楚武王」這個諡號又告訴我們，這位國君一定是好武、愛打仗的。另外，講到魯國、齊國的國君，用的都是「公」，然而楚國國君卻是「王」。周代的封建爵位有五等：公、侯、伯、子、男，當然沒有「王」，「王」是天子的稱號。但這個時候，地處最南邊的楚國，已經打破了封建爵制，僭越地自稱為「王」了。

「荊尸」是一種特殊的誓師儀式，從「荊」字看，應該是源自南方，是中原沒有的特殊陣仗。楚武王主持了這個儀式，將兵器授給軍隊，準備出兵攻打隨國。這是明目張膽，而且敲鑼打鼓要伐隨國，大國憑藉著武力上的優勢，肆無忌憚，這也是封建秩序崩壞的明確象徵。

「將齊，入告夫人鄧曼曰：『余心蕩。』」「齊」就是「齋」，楚武王即將要為了出兵而齋戒時，進到宮室中，對夫人鄧曼說：「我感覺心悸不安。」用今天的語言說，那應該是「胸悶不適」，是心肌梗塞的重要前兆。「鄧曼歎曰：『王祿盡矣，盈而蕩，天之道也。先君其知之矣，故臨武事，將發大命，而蕩王心焉。若師徒無虧，王薨於行，國之福也。』」夫人鄧曼嘆息說：「糟了，王您的福祿可能已經到了盡頭了。水滿了就會晃漾不安，是自然的道理。」意思是你的野心超過了生命所能容納的了，因而物極必反，會葬送掉原有的福祿。顯然當時南方楚地，已經有這種事物走到一邊極端，會逆轉為另一個極端的觀念，而這也就是後來《老子》思想的根本。道家的發展，的確和南方有著密切關係。

夫人鄧曼繼續分析，同時給了可怕的預言：「應該是先王知道了這樣的變化，所以在你面對重大軍事行動，即將頒發命令時，讓你心悸不安。照這樣看，要是王死在路上，但楚國軍隊沒有大損失，就算是國家的福氣了。」這真是奇怪的說法吧！換做是我們，感覺到這是件不對的事，先君都已經發出警告，為什麼不是力勸武王不要出兵，卻說你死在路上，無損楚國軍隊，是國家的福氣？

《左傳》中沒有告訴我們楚武王對這個預言的反應，只記錄了預言成真：「**王遂行，卒於樠木之下。令尹鬭祁、莫敖屈重除道、梁溠，營軍臨隨，隨人懼，行成。**」楚武王還是帶兵出征了，結果在路上死於樠木之下。令尹鬭祁和莫敖屈重兩人（「令尹」和「莫敖」都是楚國的官名）繼續率軍開路，並在溠水上架橋渡過，在靠近隨國的地方紮營，看到楚軍兵臨城下，隨國很害怕，就投降求和了。

「**莫敖以王命入盟隨侯，且請為會於漢汭，而還。濟漢而後發喪。**」莫敖以獲得楚武王授權的身分，進入隨國接受投降，訂定新的盟約，並且要求隨侯到漢水岸正式會面，然後退兵回國。渡過漢水之後才公布楚王已死的消息，準備喪禮。

表面上是記錄楚伐隨的經過，但敘述間透露了許多封建諸國關係中的新變化、新規則。首先，楚武王的侵略舉動，不只被當作目標的隨國知道，其他的諸侯也都知道。其中也就有試探其他國家會如何反應的用意在。夫人鄧曼之所以沒有勸楚武王取消行動，因為她明白這時不出兵，會給楚國帶來大災禍。楚武王太過囂張，明白破壞國際安全體系，其他諸侯沒有為了隨國而與楚國為敵，是因為忌憚楚國的強大兵力而暫時不作反應。如果他們發現楚軍竟然暫停出兵，諸國一定會判斷出楚國內部發生了問題，這時難保沒有哪個國家趁機發難，譴責楚國，抓住楚國的狂傲行為當把柄，組成聯軍來攻打楚國。

所以夫人鄧曼才會說武王死於途中的可怕結果，還是「國之福也」，她沒說出口的，是這件更可怕的「國之禍也」情境。楚武王「遂行」，顯示他也同意鄧曼的憂慮。一如預料，他真的在半路死了，而行動並未因此中斷，令尹與莫敖不可能自作主張繼續朝隨國進兵，應該是楚武王早就交代好了。

隨國投降，訂定了城下之盟，為什麼還要「為會於漢汭」？因為這是成套的禮儀，違背不行，人家會起疑心。「為會於漢汭」是要演戲給諸侯看，說那個時候楚武王還活著，假裝是在漢水這岸完成盟會之後，過到漢水另一岸，楚武王才去世。如此，楚國軍隊就沒有違犯封建大忌——自己的國君去世時，應該是要立刻退兵、發喪的。

必須裝出這樣的門面，表示就算楚國已經囂張地稱王了，仍然不能不在意傳統禮儀，至少一定得小心不要讓某些破壞禮儀的做法，成為別國的把柄，成為敵對國家聯合出兵的藉口。

第三章　最後的禮教秩序

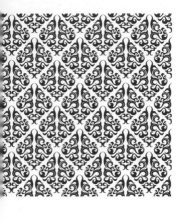

君子謀定而後動

接下來，《左傳》莊公四年記錄了一條前一年事件的後續發展。《春秋》經文是：「**紀侯大去其國。**」傳文的解釋是：「**紀侯不能下齊，以與紀季。夏，紀侯大去其國，違齊難也。**」前一年，紀侯的弟弟帶著自己的封地投靠齊國，為的當然是引進齊國的力量，來對付自己的哥哥。紀侯一看，齊國是如此龐然大國，在國力上和紀國不成比例，他不可能對抗齊國，只能投降聽命於齊國。但紀侯實在嚥不下這口氣，沒有辦法委屈自己去侍奉齊國，想想，他乾脆放棄了，把國君的位子讓給弟弟，自己永遠地離開了紀國，用這種方式來避開齊國勢力臨門的災難。

這件事的發展，顯然比魯莊公想像的要更快、更戲劇性。魯莊公還想聯合鄭國力量來介入紀國情勢，支持紀侯，但才過了不到一年，不只是酅納入了齊國勢力範圍，整個紀國都被齊國收走了。

進入莊公五年。經文中有：「**秋，郳犁來來朝。**」《左傳》特別解釋：「**名，未王命也。**」意思是郳國國君犁來，到魯國朝見魯莊公。郳國是從邾國分出去的小國，又稱小邾國，邾本身就是小國，可知郳國只會更小。記錄上直接稱「犁來」的名字，是因為他還沒有受到周天子正式冊封的緣故。

犁來才剛即位，就忙不迭到魯國來，這是當時小國生存上的悲哀現實。對郳國而言，周天子的冊封，只是形式，但旁邊魯國的支持，卻直接關係國家安危。魯國承認犁來，比周天子給予的名分，更急切更重要。所以就連魯國這樣講究封建秩序的地方，自身也都必然捲入在破壞封建秩序的過程中。

下一條，經文說：「**冬，公會齊人、宋人、陳人、蔡人伐衛。**」傳文則解釋：「**冬，伐衛，納惠公也。**」要理解這件事，我們首先得回頭看一下魯桓公十六年，在衛國所發生的事。

桓公十六年，《春秋》經文中有：「**十有一月，衛侯朔出奔齊。**」的記錄。傳文給了很詳細的來龍去脈說明。「**初，衛宣公烝於夷姜，生急子，屬諸右公子，為之娶於齊，而美，公取之，生壽及朔。屬壽於左公子。**」短短一段話，刻劃出驚人的淫亂故事。「烝」是亂倫行為，指男人和比自己大一輩，且有親屬關係的人通姦。衛宣公的通姦對象「夷姜」，是他父親衛莊公的妾，名義上是衛宣公的庶母。他和庶母私通，生下了兒子「急子」，然後為了掩飾不倫，就將「急子」囑託給自己的兄弟。「急子」長大了，幫他安排迎娶齊國的女子。沒想到，衛宣公看到即將進門的兒媳婦長得美，乾脆就改成給自己當老婆，和這位齊女「宣姜」生下「壽」和「朔」兩個兒子。然後又將「壽」囑託給另一個兄弟照顧。

「**夷姜縊。宣姜與公子朔構急子。公使諸齊，使盜待諸莘，將殺**

之。」又是短短一段話，刻畫出驚人的殘酷陰謀。「急子」的媽媽「夷姜」後來上吊自殺了，宣姜和她生的兒子「朔」就逮住機會在衛宣公面前詆毀「急子」。衛宣公聽信他們的話，派「急子」出使齊國，同時安排了盜匪在「莘」這個地方等著，遇到「急子」經過，就在路上把他殺了。

「壽子告之，使行。不可，曰：『棄父之命，惡用子矣？有無父之國則可也。』即行，飲以酒。壽子載其旌以先，盜殺之。急子至，曰：『我之求也，此何罪？請殺我乎！』又殺之。」接下來這一段，氣氛丕變，變成了一段驚人的兄弟之義的氣節故事。「壽」知道了親生母親和弟弟的陰謀，趕緊去通知「急子」，叫他逃走。「急子」拒絕了。他說：「丟下父親給的使命，這種兒子有什麼用？做出這種事的話，那得找到一個人人都沒有父親的國家，才能苟活下去吧！」看「急子」不肯逃，「壽」就故意在幫「急子」餞行時把他灌醉，自己在車上掛了「急子」的旗幟先出發。到了「莘」，埋伏的盜匪當然以為那就是「急子」的車，把車攔下來，殺了車上的「壽」。盜匪都還沒離開，「急子」趕到了，對盜匪說：「你們要殺的對象是我，跟他有什麼關係？就殺我吧！」盜匪就一併把「急子」也殺了。

這件陰狠的事，一下子得罪了顧養「急子」和「壽」的「右公子」和「左公子」。這兩人是宣公的兄弟，也是衛國最有力的大夫。「**二公子故怨惠公。十一月左公子洩、右公子職立公子黔牟。惠公奔齊。**」「惠公」就是「朔」，他後來的謚號為「惠公」，這裡稱「惠公」就表示衛宣公已死。衛宣公死後，左右公子權力最大，他們痛恨「宣姜」和「朔」，所以就聯手擁立「公子黔牟」，「朔」一看苗頭不對，趕緊逃到齊國去。

魯桓公十六年是西元前六九六年，「朔」逃到齊國去，到了魯莊公五年，西元前六八九年，經過了七年的時間，這一年冬天，魯國會合了齊國、宋國、陳國、蔡國的力量攻打衛國，目的就是為了要「納惠公」，讓出亡的衛惠公

「朔」可以回到衛國去。

繼續往下看，看莊公六年的記錄。莊公六年，經文所記載的，幾乎都是這件事的後續。經：「**六年春王正月，王人子突救衛。夏六月，衛侯朔入於衛。秋，公至自伐衛……冬，齊人來歸衛俘。**」傳文這樣解釋：「**六年春，王人救衛。**」「王人」指的是周天子的官員，名字叫「子突」。顯然是這次行動牽涉到太多國家，非同小可，所以特地在形式上請了周天子的命令，由周天子派來「子突」作為代表。因為有天子代表參與，那麼前一年說的「伐衛」行動，在這裡就改口稱「救衛」了，意味著是站在封建秩序立場，要來糾正衛國內部的王位繼承紛擾，不是國與國之間的問題。天子有責任確保諸國奉行封建禮儀，也有權力要求諸國遵照封建秩序行事。如此一來，名義上，魯、齊、宋、陳、蔡的角色，是奉天子命令，出兵讓衛國歸回封建正軌。

接下去，《左傳》說：「**夏，衛侯入。放公子黔牟于周，放甯跪于秦，殺左公子洩、右公子職，乃即位。**」在各國強力介入下，衛惠公回到衛國，展開了報復整肅。本來的國君公子黔牟被放逐到周天子那裡去了，重要的大臣甯跪放逐到最西邊的秦國去，主導擁立公子黔牟的左公子、右公子兩人則被殺了。衛惠公正式回復王位。

「**君子以二公子之立黔牟為不度矣。夫能固位者，必度於本末，而後立衷焉。不知其本，不謀；知本之不枝，弗強。《詩》云：『本枝百世。』**」在此，《左傳》有了一段評論。我們不曉得「君子」究竟是誰，但可以確認「君子」所給的評論，代表了《左傳》作者的價值觀，也就是代表了從封建秩序出發看到的是非對錯。從這樣的角度看，左公子、右公子兩人決定擁立公子黔牟，思慮欠周。有本事衛護地位的人，一定會全面審度事情的因由，然後找到準確、適當的立場。不了解事情根本，別亂出主意；知道了根本，卻對於衍生出去的分枝全貌沒有充分把握，也別堅持、強推自己的主張。然後這裡君子引用了《詩經．大雅．文王》中的一句「本枝百世」，斷章取義拿來形容由「本」分出去的「枝」那麼多那麼複雜，要徹底看清楚，是件多麼困難的事！

這一年的最後，經文上記錄的是：「**冬，齊人來歸衛俘。**」《左傳》的解釋則是：「**冬，齊人來歸衛寶，文姜請之也。**」前一年，《春秋》說：「**公會齊人、宋人、陳人、蔡人伐衛。**」這個寫法表示「伐衛」這件事是由魯莊公主導的。紀錄上沒有出現其他國君，只有「人」，清楚說明了是魯莊公帶領五國聯軍出兵。不過雖然由魯主導，作戰上，最強的畢竟還是齊國，過程中齊國俘虜了不少衛國人，到莊公六年冬天，齊國將這批擄來的衛國人，還有衛國的寶器交給了魯國。俘虜、寶器都握在齊國手裡，顯見軍事行動中，實際上齊國才是主力。但這時，齊國表達善意，藉由「歸俘」、「歸寶」正式承認魯莊公為這次行動的首領。

不過，《左傳》多說了一句：「**文姜請之也。**」文姜倒底是魯莊公的親生媽媽，她留在齊國，還是發揮了協助兩國關係修好的作用，同時也意味著，如果不是文姜的影響力，靠著強大兵力，齊國大可以把衛國俘虜和寶器留在自己國內，占奪這次行動的實質好處。

弱肉強食的新法則

接下來，《左傳》出現了一段關於楚國的記錄。《春秋》經文上沒有這段，顯現了《左傳》不完全是依附於《春秋》的。尤其是當時相對地處邊陲的幾個國家，《左傳》往往著墨超過《春秋》。因為這幾個國家後來快速興起，成了主宰大局的關鍵，《左傳》作者顯然認為不能漏掉對它們發展的追索描述。

「**楚文王伐申，過鄧。**」前面我們看到了，魯莊公五年春，楚武王在伐隨的行動中去世，在他之後即位的就是楚文王。即位沒多久，楚文王延續爸爸的野心，帶領軍隊攻打附近的小國「申」。出兵過程中，過境另一個小國「鄧」。

「**鄧祁侯曰：『吾甥也。』止而享之。騅甥、聃甥、養甥請殺楚子，鄧侯弗許。三甥曰：『亡鄧國者，必此人也。若不早圖，後君噬齊。其及圖之乎！圖之，此為時矣。』**」鄧國國君祁侯說：「這是我外甥啊！」上次我們看到楚武王的夫人叫做「鄧曼」，就是從鄧國嫁過去的，是祁侯的姊妹，鄧曼所生的楚文王，的確是鄧祁侯的外甥，是千真萬確的親戚關係，所以他就將帶兵的楚文王留住，好好宴饗一番。

諷刺的是，另外三位也是鄧祁侯姊妹生的兒子，騅甥、聃甥、養甥，他們是鄧國的大夫，卻去請求鄧侯趁機殺了「楚子」。這裡《左傳》用「楚子」來指楚文王。也就是回歸到封建秩序本來的地位稱號，不再沿用楚人自己僭越所取的稱號。封建層級上，魯、宋是「公」，衛是「侯」，鄭是「伯」，楚只是「子」。因而《春秋》經文中，基本上都用正式名稱，記「宋公」、「衛侯」、「鄭伯」等。就連後來成就霸業的齊、晉，回到封建禮儀上，他們都只是「侯」，因此《春秋》上也就記為「齊侯」、「晉侯」。不過，《左傳》整理成文顯然較晚，不可能忽略後來這些國家國君給自己升等的名號，所以會有稱呼上的交雜。這種名號交雜，也就更清楚顯現了封建秩序與強弱邏輯此時並存製造的複雜清況。

封建秩序與強弱邏輯之間有著最大落差的，正是楚國。正式地位是只比

「男」高一級，倒數第二級的「子爵」，但他們自封的稱號，卻連跳四級，自命為「王」。他們憑什麼？當然是憑藉武力，別人拿他們沒辦法，也因此，《左傳》中講到楚國時，絕大部分都跟爭伐、侵略有關。

雖、聃、養三個外甥建議殺「楚子」的理由是，看到楚國一直不斷出兵併吞附近的小國，鄧距離楚，顯然比申都還近，連申都逃不過楚的魔掌，可想而知，就在楚文王任內，鄧一定也會成為楚國野心的對象。要救鄧國，就趁現在，不然一定會後悔。等後悔時再來圖謀，難道還來得及嗎？「噬齊」，是古代的俗語，字面意思是「咬自己的肚臍」，人一出生肚臍就剪斷了，要怎樣咬？引申為來不及、做不到而感到後悔。

「鄧侯曰：『人將不食吾餘。』對曰：『若不從三臣，抑社稷實不血食，而君焉取餘？』」三個外甥從強弱的角度考慮，上一代的鄧祁侯想的卻是封建秩序，所以他說：「如果我作出這種殺害自己外甥的事，人家會如何對我不齒啊！到時候就連要餓死的乞丐，都不屑吃我吃剩的東西了吧！」三個外甥回應他：「今天不聽我們三人意見，那麼鄧國的社稷都會沒有機會接受祭祀了，國君你還能有『吃剩的東西』？」

「**弗從。還年，楚子伐鄧。十六年，楚復伐鄧，滅之。**」外甥們話都說這麼重了，鄧祁侯還是不答應，他相信封建秩序，也就不相信自己的外甥會出兵攻打親舅舅的國家。但他錯了，而且現世報來得多快，楚文王打完申之後，回到楚國沒多久，就對鄧國用兵。十年之後，魯莊公十六年，楚國再度出兵，到底還是將鄧國給滅掉了。

就連親甥舅如此密切的關係，都抵擋不了弱肉強食的新法則，南方邊陲地帶，已經在進行徹底、激烈的變化，而主催這種變化的核心力量，就來自楚國。

亂世中依然有君子

莊公七年的第一條紀錄很有意思，經文說：「**七年春，夫人姜氏會齊侯於防。**」傳文加三個字解釋：「**七年春，文姜會齊侯於防，齊志也。**」莊公的媽媽文姜和齊襄公在「防」這個地方會面，「防」是魯國地名，顯示文姜已經回到魯國，而且《左傳》特別強調「齊志也」，是齊襄公方面主動要求的。若和前一年冬天「齊人來歸衛俘」的條文連接起來，那麼齊襄公和文姜之間的不倫曖昧關係，又有了新的轉折。文姜回到了魯國，和兒子莊公部分修好了關係，用她對齊國的特殊影響力，爭取到了齊國承認魯國在聯軍行動中的主導地位。然而相對地，齊襄公很可能就要求和文姜再度相會作為條件。所以《春秋》和《左傳》委婉地指出，原本造成齊魯關係緊張的因素，現在被魯莊公運用來當作對齊外交的籌碼了。

下一條，經文記錄：「**夏四月辛卯，夜，恆星不見。夜中，星隕如雨。**」傳文解釋：「**夏，恆星不見，夜明也；星隕如雨，與雨偕也。**」這是對於天象異常的描述，那一天，流星紛紛下落，如雨一樣頻密，流星雨照亮天空，以至於幾顆恆星都看不見了。有西方的天文家主張：這是全世界最早關於天琴座流星雨的記錄。

再下一條，也跟自然現象有關。經文說：「**秋，大水，無麥、苗。**」傳文解釋：「**秋，無麥、苗，不害嘉穀也。**」秋天有水災，淹掉了應該收成的麥子，以至於無法再培植麥苗。不過《左傳》補充說明：雖然麥子收成大受損害，但「嘉穀」，意味著可供用在祭祀上的黍和稷，可能因為已經收成了，所以避過了禍害。

莊公八年，《春秋》經文上有一條再簡單不過的紀錄：「**甲午，治**

兵。」傳文解釋：「**八年春，治兵于廟，禮也。**」「治兵」是在宗廟之前，舉行授予兵器給軍隊的儀式，表示即將有重大的軍事行動。可能是魯國已經很久沒有舉行這種儀式，所以《左傳》強調這樣做並沒有失禮、違禮之處。

重點是：「治兵」要幹嘛？要出兵做什麼？接下來的經文記錄：「**夏，師及齊師圍郕。郕降於齊師。**」原來魯國鄭重其事舉行「治兵」典禮，因為要和齊國一起出兵去打郕這個小國。文姜歸國後，齊魯的關係明顯改善很多。兩個大國一起出兵，小國郕當然抵擋不住，然而郕卻不是向齊魯兩國投降，而是單獨向齊國投降。

《左傳》詳細記錄了這件事的後續：「**仲慶父請伐齊師。公曰：『不可。我實不德，齊師何罪？罪我之由。《夏書》曰：「皋陶邁種德，德，乃降。」姑務修德，以待時乎！』秋，師還。君子以是善魯莊公。**」

魯莊公的弟弟仲慶父很生氣，要求魯國軍隊轉而攻擊齊國軍隊。仲慶父會有這種反應，表示郕國單獨向齊投降，齊竟然也接受，不顧念和魯共同出兵的狀況，很不上道，也很不給魯國面子。但魯莊公拒絕了，他說：「是我沒有本事、沒有德行讓人家願意向我歸降，怪齊國軍隊幹嘛？要怪就怪我吧！《夏書》（《尚書．虞書．大禹謨》）上說：『皋陶勉力樹立功德，功德夠了，人家就會歸降。』讓我們回去努力修養德行，等待以後的機會吧！」所以，軍隊停留了一下子，秋天無所獲地回到魯國。不過魯莊公這番話，是值得稱讚的。

魯莊公說：「以待時乎！」而這個「時」，變化情勢所帶來的機會，不需要等太久。齊魯一起打完郕國後，這一年的冬天，齊國就有了重大變局。從「君子」所代表的封建秩序角度看，不遵守禮儀，自私地占奪共同出兵得來的好處，這樣的齊國，終究還是要為了忽視禮儀，而付出慘痛代價的。

史書中的小人物

魯莊公八年，《春秋》經文：「**冬十有一月癸未，齊無知弒其君、諸兒。**」哇，齊國發生了「弒君」的事情，當然是大動亂，讓我們看看《左傳》如何記錄這件事的始末。

「**齊侯使連稱、管至父戍葵丘，瓜時而往，曰：『及瓜而代。』期戍，公問不至。請代，弗許，故謀作亂。**」齊襄公派兩個大夫「連稱」和「管至父」去戍守葵丘，前一年瓜熟季節，農曆七月左右派他們去，講好到明年同一時間，會派人替換，讓他們回來。他們在那裡戍守了一整年，時間到了，齊襄公卻對他們不聞不問。他們主動請求按照原本約定派人來代替，齊襄公竟然也不答應。兩個人心中大不滿，就想要謀叛了。

「**僖公之母弟曰夷仲年，生公孫無知，有寵於僖公，衣服禮秩如適。襄公絀之。二人因之以作亂。**」齊襄公的爸爸齊僖公，有一個同母弟弟叫夷仲年，也就是齊襄公的叔叔，生了一個兒子公孫無知，是齊襄公的堂弟。僖公在世時，很疼愛公孫無知，用對待自己嫡子的方式寵待他。等到僖公死了，襄公即位，襄公就把公孫無知的待遇降等。公孫無知當然因此感到不滿。「連稱」和「管至父」知道公孫無知的情況，就去拉攏他來一起謀叛。

另外，「**連稱有從妹在公宮，無寵，使間公。曰：『捷，吾以汝為夫人。』**」「連稱」有一個堂妹，是齊襄公的妾，但並不受寵。公孫無知就教她幫忙偵查齊襄公的舉動，並且承諾她：如果事成了，公孫無知當上國君，那就會冊封她做夫人。

「**冬十二月，齊侯游於姑棼，遂田于貝丘。見大豕，從者曰：『公**

子彭生也！』公怒曰：『彭生敢見！』射之，豕人立而啼，公懼，隊於車。」這裡出現了很戲劇性的場面。齊襄公在姑棻這個地方遊玩度假，順便就到附近的貝丘打獵。出現了一頭奇怪的大野豬，旁邊隨從驚訝地說：「那是死去的公子彭生啊！」公子彭生是誰？就是當年魯桓公到齊國，死在車上時，替魯桓公駕車的人，講白了，也就是有可能奉了齊襄公之命謀殺魯桓公的嫌疑犯。事情發生後，在魯人的抗議請求下，齊襄公下令殺了公子彭生給魯人交代。

結果，八年之後，公子彭生陰魂不散，化身為大野豬出現在齊襄公面前。齊襄公不信邪，罵：「公子彭生敢出現來跟我搞鬼！」就用箭射那隻大野豬。大野豬中箭，用後腳站立起來，發出像是人哭喊的聲音，齊襄公被嚇得從車上摔下來。這裡「隊」就是「墜」的意思。

「傷足，喪屨。反，誅屨於徒人費。弗得，鞭之，見血。走出，

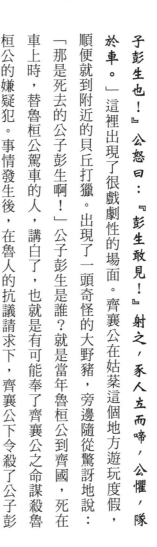

遇賊於門，劫而束之。費曰：『我奚御哉？』袒而示之背。信之。」

齊襄公從車上摔下來，腳受了傷，連鞋也掉了。他心中牽掛好像是公子彭生來尋仇，也一定覺得自己被大野豬嚇得摔車很沒面子，所以就特別在意掉了的鞋子。於是命令一個下層的僕從「費」去找鞋子，然而在田獵場掉了的鞋子，要怎樣找回來？「費」找不到，齊襄公氣得鞭打他，打得背上都出血了。為了一隻鞋反應如此激烈？這樣的細節描寫，讓我們清楚了公子彭生是齊襄公心頭的一片陰影，也就知道了魯桓公之死，必定有不可告人的內情。

「費」剛被責罰完，出了門，竟然就遇到了「賊」。「賊」者，就是公孫無知和連稱、管至父他們合謀作亂，派來的人。「費」被抓住綁起來。「費」告訴他們：「不需要綁我，我怎麼可能抵抗你們呢？」他把衣服脫下來，給「賊」看自己剛剛被打的痕跡，意思是齊襄公這樣虐待我，你們還需要擔心我會站在他那邊幫他嗎？「賊」被說服了。

「費請先入，伏公而出，鬬，死於門中。石之紛如死于階下。遂入，殺孟陽于牀。曰：『非君也，不類。』見公之足于戶下，遂弒之，而立無知。」這段寫得極精采、極有條理。「費」自告奮勇，先去幫「賊」探路，進去之後，卻忠心耿耿把齊襄公藏起來，然後拿了兵器出來和「賊」相鬥，終於被「賊」殺死在「門中」。這意味著「費」想要守門守不住，「賊」就進了門。然後又有一個侍從小臣叫「石之紛如」的，在庭中抵抗，還是擋不住「賊」，在「階下」被殺了。那麼「賊」也就上了階，入了室，齊襄公的臥床上有人，「賊」就把那個人殺了。但那不是齊襄公，而是另外一個侍從小臣「孟陽」，故意假裝是齊襄公，躺在床上。但「賊」沒有上當，他們看了床上被殺的人，說：「長得不像，應該不是國君。」又找，就發現齊襄公的腳從門板下露出來，這時我們才知道「費」原來做了這些安排，把齊襄公藏在一扇門後面。但白費苦心了，齊襄公還是被找到，當場被殺了。

公孫無知就取而代之，當上了齊國新的國君。

這段敘述的重心，是「費」，不只要告訴我們齊襄公被殺了，還要記錄「費」特殊的行為。儘管受到齊襄公無理的責罰，他仍然捨命效忠，而且有勇有謀，差點就成功騙過「賊」，讓齊襄公可以脫難。不只是「費」，還有「石之紛如」和「孟陽」，大亂驟至，他們也都義無反顧地選擇了捨命保護主公，他們地位極低，但他們的行為高貴，代表封建道德價值立場的《左傳》特別要讓他們的事蹟傳留下來。

回頭看，《春秋》經文怎麼寫的？重抄一次：「**冬十有一月癸未，齊無知弒其君、諸兒。**」剛剛沒有解釋什麼是「諸兒」，「諸兒」不是齊襄公的兒子，是他身邊這些沒有地位、卑下的侍從。他們不重要，所以叫做「諸兒」。既然不重要，那《春秋》為什麼要附筆寫「弒其君、諸兒」，光寫「弒其君」不就表明事件重點了嗎？讀了《左傳》的紀錄，我們知道了

「諸兒」的死法，也就明白了他們身上具備了忠君死君的美德，張揚、標舉他們的美德，對《春秋》而言，和記錄齊襄公被無知所殺，同等要緊。

這幾個「諸兒」，對我們展現了春秋時期很特殊的一種人格典型，重原則而輕生命的當下抉擇。《左傳》中有很多像「費」、「石之紛如」、「孟陽」這類讓我們驚訝的故事，因為他們如此容易做出犧牲自我生命的決定。這種甚至稱不上悲壯，沒有自我悲壯感，毋寧視之為理所當然的犧牲精神，是春秋時期的特產。一方面是原有的封建倫理規範深植人心，另一方面又有巨大現實力量在破壞封建環境，於是逼使那些堅持維繫封建價值原則的人，很容易被迫面對最極端、最艱難的考驗，也就逼使他們幾乎隨時做好準備，考驗降臨時，他們心中早有明確不疑的答案。

這種剛烈、捨命奉原則的個性，在往後的歷史中，雖偶有靈光閃現的例子，然而整體看來，從漢朝以下，普遍地在中國社會消失了。這是我們觀察中國人集體性格時，看到的一項關鍵古今變化。

再往下讀，這一段的最後是：「**初，襄公立，無常。鮑叔牙曰：『君使民慢，亂將作矣。』奉公子小白出奔莒。亂作，管夷吾、召忽奉公子糾來奔。**」回顧當年齊襄公剛即位，行為無常，不守規矩，大夫鮑叔牙就預測：「一個國君用這種輕慢的態度來治民，不用太久，國家一定會有亂事發生。」早有這樣的預測，鮑叔牙就陪著公子小白（就是後來的齊桓公）出亡逃到莒去。齊襄公遇刺後，另外兩位大夫管夷吾和召忽則陪著公子糾逃到魯國來（來奔）。

第四章

實力比名分更重要

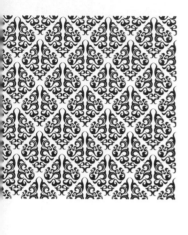

才重於德的時代

莊公九年，《春秋》經文記錄：「**九年春，齊人殺無知。**」現世報來得這麼快，前一年冬十二月無知才弒齊襄公自己當上齊國國君，不到三個月時間，換他被殺了。《左傳》解釋：「**初，公孫無知虐於雍廩，九年春，雍廩殺無知。**」

早先，公孫無知曾經苛待、虐待過齊國的一位大夫雍廩，兩人間有嚴重的嫌隙，這下子公孫無知自立為君，對雍廩太不利了，於是他乾脆先下手為強，趁公孫無知剛即位沒有防備時殺了他。

齊襄公死了，公孫無知也死了，一下子齊國沒有國君了。所以經文說：「**公及齊大夫盟于蔇。**」傳文則補充說：「**齊無君也。**」所以是鄰近齊的大國，與齊關係最密切的魯國，這時出面和齊國大夫盟會，暫時代為維持秩序。

接著經文說：「**夏，公伐齊，納子糾。齊小白入于齊。**」奇怪了，不是和齊國大夫才盟會過，為什麼魯莊公隨即派兵攻打齊國呢？看《左傳》的解釋就清楚了：「**夏，公伐齊，納子糾，桓公自莒先入。**」一個關鍵字是「先」，逃到莒去的公子小白，這時先進入齊國了。另一個關鍵詞則是「桓公」，意味著公子小白不只入齊，而且已經即位當了新的國君。這破壞了魯莊公原來的打算，因而他匆忙動員軍隊，要用武力把公子糾送進齊國，取代公子小白當國君。

「**秋，師及齊師戰于乾時，我師敗績。公喪戎路，傳乘而歸。秦子、梁子以公旗辟于下道，是以皆止。**」魯國出兵的結果如何？就算齊國剛經大亂，新立的國君能調派的軍隊，都還是強過魯國。在「乾時」這個地方的決戰，魯國大敗。「敗績」是記錄大敗、潰敗的正式用語。敗得多慘呢？輸到親自帶兵的魯莊公，都失去了他的專用兵車，換別的車逃走。這裡的「喪」其實是魯莊公自己拋棄的，魯國的兩位部將秦子、梁子用魯莊公的車和帥旗，故意躲在小路邊，代替魯莊公被齊國俘虜了。靠這種很沒面子的方法，魯莊公才得以回到魯國。

「**鮑叔率師來言曰：『子糾，親也，請君討之。管、召，讎也，請受而甘心焉。』乃殺子糾于生竇。召忽死之，管仲請囚，鮑叔受之。**」鮑叔牙到魯國來傳達齊桓公的要求，《左傳》特別說「率師來言」，他是帶著軍隊來的，根本沒有要跟魯國商量，強制魯國照做。第一項要求：因為公子糾是親人，齊桓公不便自己動手，所以請魯國代為除掉。第二項要求：公子糾身邊的管夷吾、召忽，是和齊桓公作對的，所以要把他們押回去施罰才會甘心。魯國只好照辦，在生竇這個地方殺了公子糾，召忽隨公子糾自殺，管仲則願意回齊國，鮑叔牙從魯人手中把管仲接過來。

「**及堂阜而稅之，歸而以告曰：『管夷吾治於高傒，使相可也。』公從之。**」「堂阜」，地名，在魯齊兩國交界。才剛過了國界，鮑叔牙就將管仲給釋放了。回到齊國都，鮑叔牙更進一步對齊桓公說：「管夷吾的治國能力，比高傒還強，可以任命他為相。」高傒是當時齊國的上卿，地位高，名聲也好，鮑叔牙卻評價認為管仲比他還強。齊桓公接受了鮑叔牙的建議。

這就是齊國霸業的開端，又是以魯國為其墊背基礎的。這裡同時有一段醜聞，和一段佳話，醜聞是同樣追隨公子糾，召忽按照封建慣例，與君同死，管仲卻苟且偷生，寧願被抓回齊國去。佳話則是鮑叔牙有識人之明，又有容人之量，竟然推薦前一刻還為敵的管仲，讓他擔任比自己更高、更重要的位子。

政治哲學再突破

魯莊公十年，《左傳》的第一條記錄，開頭就說：「**十年春，齊師伐我，公將戰。**」齊魯之間的紛爭持續著，齊國又派軍隊來攻打魯國，儘管前一年秋天才經歷慘敗，魯莊公仍然沒打算求和，準備一戰。

「**曹劌請見。其鄉人曰：『肉食者謀之，又何間焉？』劌曰：『肉食者鄙，未能遠謀。』**」為了準備和齊人打仗的事，曹劌請見魯莊公。曹劌是個什麼樣的人？後面這兩句話為我們解釋了。他同鄉裡的人勸他不要去，理由是：「打仗是有地位的人的事，你去跟人家攪和什麼？」「肉食者」在當時原本並沒有輕蔑、貶抑的意思，是用來指稱大夫以上，有身分有地位，可以不用到七老八十就有資格吃肉的貴族。從這句話我們了解，曹劌甚至連大夫都不是，頂多是個「士」，地位很低，鄉人才會用這種話諷刺他，說你哪有那樣的地位去管這種大事啊！

曹劌沒地位，卻有自信。所以他說：「那些高高在上的人，眼光短淺，看近不看遠，能幹什麼用！」是經他這麼一說，再被《左傳》記載下來，「肉食者鄙」才在後來變為成語，我們今天才會看到「肉食者」就覺得是有貶意的。

曹劌沒有大夫的地位，卻如此看不起大夫，這不是原來封建秩序的規矩。還有，他連大夫的地位都沒有，卻主動去求見國君，國君竟然也見了，這也是破壞封建秩序的醒目現象。我們在這裡看到了春秋時期突破階級壁壘，以能力取才的新傾向。只要對國家可能有幫助，魯莊公很樂意接見根本沒有卿大夫身分的曹劌；同樣的，只要對國家可能有幫助，齊桓公也很樂意重用屬於敵對陣營的管仲。

封建秩序原本也是一套人才秩序。一個人的價值，是由他的封建位階所決定的。但到了魯莊公這個時期，國君開始發現，拘泥於封建秩序圈圍起的人才範圍中，往往對國家不利。不管是內鬥爭權、抵禦外侮或動員擴張，都會需要原有架構不見得能提供的才能。相應地，原本架構外圍的文士、武士，在新環境中就取得了前所未有的新自信。

再往下看，我們發現，就連見到了國君，曹劌都還是一副大剌剌的模樣。**「乃入見，問何以戰。公曰：『衣食所安，弗敢專也，必以分人。』對曰：『小惠未徧，民弗從也。』」**曹劌入宮見到了魯莊公，還沒給建言，先問：「憑什麼條件打仗？」魯莊公先是強調自己很慷慨，好衣服好飲食，不會獨享，都會分給別人。曹劌不滿意這個答案，雖然形式上是下對上的「對曰」，但講話的內容卻比較像是老師教訓學生：「你這種小恩小惠，能給多少人？絕對不可能遍施給所有的魯國人，人民不會因為這樣就死忠跟從你的。」

「**公曰：『犧牲、玉帛，弗敢加也，必以信。』對曰：『小信未孚，神弗福也。』**」魯莊公繼而強調在實行禮儀時，一切按照該有的規矩來，不誇張不僭越。這裡的「信」，是信守規範的意思。為什麼以此為可以打仗的條件？當然就是對應於那個時代其他諸侯紛紛自我膨脹、破壞禮儀的做法，魯莊公認為跟這些人相比，自己最「照起工來行」，天公應該會疼好人。曹劌對這個答案也不滿意，他說這只是「小信」，意味著你守的是容易守的小規矩，但在更重要的大規矩，例如對周天子的責任，和諸國之間的封建權利義務上，你怎麼可能都遵守原來的規矩，光憑這個就相信神會保佑你，太天真了吧！

「**公曰：『小大之獄，雖不能察，必以情。』對曰：『忠之屬也，可以一戰。戰，則請從。』**」魯莊公又想了一個可以戰的理由：「關係到刑罰時，不論大案或小案，雖然我沒有辦法每一件都調查透徹，但一定依照看到的事實，而不以關係或感覺來評斷。」這裡的「情」，是「真實」的意思，古文中的「情」一般都不是我們現代「感情」的意思，而是指「真實狀況」。到這裡曹劌才算聽到了可以認同的說法，他說：「這是認真看待工作，盡忠職守的表現，以這為基礎，就有條件和齊國作戰了。出兵打仗時，請讓我一起去。」

曹劌的態度是：在戰與和的選擇間，要有冷靜的評估。魯莊公自己覺得有把握的前兩項作戰條件，在曹劌看來，並不牢靠。反而魯莊公排到第三名的條件，曹劌才同意、認可。第三項條件和前兩項差別在哪裡？在「忠之屬也」，關係到國君自身忠於人民、忠於職守，所以有辦法刺激人民對他效忠。很明顯地，曹劌的政治智慧強調「忠」是雙方互動形成，絕不是上對下單方面要求可以得到的。

西周初年，周人克殷之後，全面進行封建，必須認真思考用什麼方式才能有效統治人民，建立政治秩序，所以在那個時代，出現了中國最早的政治哲學思考。幾百年後，到了東周，因應新的社會流動與政治不安，原有的政治原則不再適用，刺激出了新一波，更加壯闊的政治哲學思考，曹劌和魯莊公的對話，正是這波大思考開端時期的例證。

君子不懂的計謀

魯莊公真的決心一戰，也答應讓曹劌同行，還讓曹劌登上了自己的專車。「**公與之乘。戰于長勺。公將鼓之，劌曰：『未可。』齊人三鼓，**

劌曰：『可矣。』齊師敗績。」魯軍和齊軍在長勺列陣決戰。魯莊公打算要下令擊鼓讓軍隊向前，被曹劌制止了。這個時候，顯然雙方打的，仍然是依循基本封建規範的仗，也就是雙方布陣完成後，一方擊鼓表示準備向前了，然後另一方也擊鼓向前，才正式接戰。

曹劌要讓齊人先擊鼓。齊人擊鼓了，他都還不讓魯軍出動。等齊人打了三次鼓，曹劌才說：「現在可以了。」魯軍擊鼓，雙方接戰，結果齊軍大敗。

「**公將馳之，劌曰：『未可。』下，視其轍，登軾而望之，曰：『可矣。』遂逐齊師。**」這段和前一段對稱。接戰後齊人敗退了，魯莊公的自然反應是立刻要命令軍隊追殺，又被曹劌制止了。曹劌從車上下來，觀看齊軍留下來的車輪痕跡，又站到車前橫槓上眺望一番，才說：「現在可以了。」魯軍追過去，齊軍被趕出了魯國國境。

「**既克，公問其故。**」仗打贏了，魯莊公問曹劌為什麼會給那樣的指示。這顯示了當下瞬間，魯莊公沒有問、也不知道曹劌是何道理，也就意味著魯莊公對曹劌近乎盲目地聽從，等到戰事告一段落才來詢問。事實上，這樣的信任也是打勝仗的關鍵。

「**對曰：『夫戰，勇氣也。一鼓作氣，再而衰，三而竭。彼竭我盈，故克之。夫大國，難測也，懼有伏焉。吾視其轍亂，望其旗靡，故逐之。』**」曹劌解釋：作戰憑藉的是「勇氣」。「勇氣」兩字最早在此連用，曹劌強調了戰爭不是現實條件的對抗，而是武勇精神的對抗，有其精神層面的考量：「聽到鼓聲，胸中燃起鬥志來，鬥志最高昂時卻沒有能衝出去，等到第二次鼓聲，就沒那麼武勇了，再等到第三次鼓聲，齊軍的勇氣都漏光了。我們這邊才擊鼓刺激出鬥志，那邊沒氣了，這邊氣飽飽的，所以我們會贏。」

至於阻止魯軍立即追上去，理由是：「我們面對的是大國，軍隊多，資源充分，因而他們的行為很難捉摸，可能會有埋伏。查看了他們的車輪痕跡紊亂，又看到他們的旗幟東倒西歪，確定不是假敗要引我們中伏，才可以放心讓軍隊追過去。」

周代的戰爭術語

這裡我們要先跳到莊公十一年的一段傳文，來好好了解一下，記錄國與國戰爭關係上特殊用語的精確意義。

「凡師，敵未陳曰敗某師；皆陳曰戰；大崩曰敗績；得儁曰克；覆而敗之曰取某師；京師敗曰『王師敗績于某』。」

軍隊作戰，如果對方還沒有擺好陣勢，這方就衝過去把人家打敗了，叫「敗」；雙方都擺好陣勢，才能稱「戰」；接戰之後，一方的戰陣被對方徹底瓦解了，叫「敗績」；打贏戰役，而且還抓到對方有地位的重要人士，那是「克」；如果設了埋伏讓對方中計而得到勝利，則稱「取」。還有，若是周天子的軍隊戰敗了，那就要記為：「王師敗績于某」。

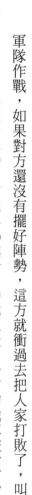

按照這樣的定義，我們知道在長勺，齊魯雙方是「戰」，藉由曹劌延遲魯方「鼓」的作法，接戰後齊國軍隊的陣線被衝散了，士兵無序地往後散逃，魯軍追擊，過程中還俘虜了齊營中的重要人物（克）。

而《春秋》會發展出這樣一套區別性的文詞用法，《左傳》會在魯莊公十一年正式寫下解釋，具有高度時代象徵意義。表示從這個時候起，諸國間的戰爭愈來愈頻繁，而且戰爭採取的型態，也愈來愈複雜。另外，無可避免、無可否認的事實是：周天子的軍隊沒有了原本封建秩序中的權威高位，不必然就能以上而下征伐，更不必然一定會、一定要打贏。在這件事上，封建秩序只剩下殘影：遇到「京師」打敗仗時，給它一個特殊的說法，而且還是明顯偏向諸侯立場的說法。只要是天子的軍隊輸了，都叫做「敗績」，因為理論上天子軍隊較高較大，所以只要輸就都是大輸、「大崩」等級的輸。還有，要記錄周天子的軍隊是輸給了誰，「敗績于某」，把那個國的名字寫上去，表面上是譴責，實質上等於在幫這個有本事打敗天子的國家炫耀宣傳。

回到莊公十年，《左傳》的下一條，開頭是：「**夏六月，齊師、宋師次于郎。**」「郎」是魯國境內的地名，「次」字我們前面看過，指軍隊在一個地方停留超過兩個晚上。齊國和宋國的軍隊進入了魯國，逗留在魯國境內。聯繫前面正月發生的事，我們很容易了解，對於長勺一役的失敗，大國齊國嚥不下這口氣，將近半年後，聯合宋國一起進逼魯國。

兩國軍隊停在那裡，就看魯國如何反應。魯國可以派兵到「郎」來正式應戰，要是魯國覺得兩國軍隊太強，沒有勝利的希望，那就該透過外交管道，付出一定代價讓兩國退兵。

「**公子偃曰：『宋師不整，可敗也。宋敗，齊必還。』請擊之。公弗許。**」魯莊公還沒決定要戰還是要和，大夫公子偃主張：齊、宋兩國的軍隊陣容不一樣，宋國顯然弱得多，如果可以先打敗宋國軍隊，齊國也就只好退兵。本來齊國找了宋國，是要來幫拳助陣，魯國卻可以利用宋國較弱的條件，牽制齊國，將劣勢轉成優勢。公子偃自告奮勇，帶領軍隊去攻擊宋軍。不過，魯莊公聽了，並沒有准許他帶兵出戰。

「**自雩門竊出，蒙皐比而先犯之。公從之。大敗宋師于乘丘。齊師乃還。**」沒有得到魯莊公允許，公子偃卻還是私自帶領軍隊，從西南邊的門出去，在馬身上披著虎皮，進犯宋國軍隊。知道公子偃出城進攻宋軍，魯莊公也就自己帶領大軍跟隨著，到了乘丘這個地方，魯軍打敗了宋軍。公子偃的作法，顯然是奇襲，宋軍來不及列陣，所以按照前面解釋的文字用法，記錄為「大敗」，而不是「宋師敗績」。宋國軍隊打敗，果然如公子偃預料的，齊國受到牽制，也就只好退兵了。

所以，前面的「公弗許」，並不是魯莊公不贊同公子偃的意見，而是不同意由公子偃帶兵去打宋軍。公子偃不希望功勞落到別人身上，大膽「竊出」，魯莊公也就順應帶大軍在他後面跟進了。

禮儀秩序只是藉口

再下來的事件，經文記錄：「**秋九月，荊敗蔡師于莘，以蔡侯獻舞**

歸。」傳文裡有比較詳細的說明：「**蔡哀侯娶于陳，息侯亦娶焉。息嬀將歸，過蔡。蔡侯曰：『吾姨也。』止而見之，弗賓。**」

這件事的開端起自蔡哀侯，「哀」字是諡號，看到這樣的諡號，我們知道：第一，他活得不長；第二，在後人評價中，他的德行好不到哪裡去。蔡哀侯的妻子，是從陳國娶來的，而當時息侯的妻子，同樣也是娶自陳國。封建秩序中，各國貴族、尤其是國君的婚姻，基本上是外交的一部分。藉由婚姻，讓各國彼此都成了累世親戚，結成自然的紐帶。不過，在封建秩序動搖的過程中，姻親關係也很容易轉變成國與國間的衝突來源。

這就是個突出的例子。息侯的妻子息嬀（「嬀」是她娘家陳國的姓）要回陳國娘家，中途路過蔡，蔡侯說：「這是我妻子的姊妹啊！」按照親族禮儀，就留住息嬀，和息嬀會面了，會面時，蔡侯對息嬀有了不規矩的話語或行為。

「**息侯聞之，怒，使謂楚文王曰：『伐我，吾求救於蔡而伐之。』楚子從之。**」妻子被蔡侯輕薄的事被息侯知道了，當然很生氣，要出一口氣。不過顯然在實力上，蔡大息小，應該也就是這樣，蔡侯才敢對息嬀不禮貌吧！息國無法自己對付蔡國，息侯就有了他的算計。他派使者去跟楚文王商量、建議，要楚文王先出兵打息國，息那麼小，楚那麼大，息國當然抵擋不了楚國，那麼息侯就會去向和楚國同等級，而且跟息有姻親關係的蔡國求救，蔡國不得不幫助息國，那麼楚國就可以有藉口打蔡國了！

這真是個精巧的外交陰謀啊。用這種方式，息國給楚國一個可以攻打蔡國的藉口，息比蔡弱，楚卻比蔡強，更重要的，蔡國在楚國旁邊，早就是楚國覬覦想要擴張控制的對象。

「**秋九月，楚敗蔡師于莘，以蔡侯獻舞歸。**」楚同意了息的提議，出兵打敗了蔡國，而且還把蔡侯帶回了楚國。「獻舞」是蔡哀侯的名字，這裡他實質上失去了國君的地位，所以《左傳》也就相應改稱，不再稱「蔡哀侯」，而是稱「蔡侯獻舞」。

下一段，回頭再看發生在齊國的事。經文說：「**冬十月，齊師滅譚，譚子奔莒。**」傳文解釋：「**齊侯之出也，過譚，譚不禮焉。及其入也，諸侯皆賀，譚又不至。冬，齊師滅譚，譚無禮也。譚子奔莒，同盟故也。**」「齊侯」指的是齊桓公，當齊襄公剛即位時，還是「公子小白」的齊桓公出亡，經過譚國，這是比鄰齊國的小國，爵位是第四級的「子」，譚國沒有用對待大國公子之禮待他。等到公孫無知死了，齊桓公搶在公子糾之前進入齊國即位，附近其他國家紛紛遣使往賀，表示承認齊桓公的國君地位，譚國又沒有來。所以，齊桓公在位一年多後，來報復了，以譚國無禮的理由，齊國滅掉了譚國，換作譚子出亡了，他逃到莒國去，因為和莒國有著同盟關係。

「譚無禮也」，《春秋》、《左傳》在意「禮」，但即便是《春秋》、《左傳》的記載中都看得出來，在大環境變化下，「禮」扭曲了，很容易被拿來當作藉口，實質的決定性因素，還是國力的大小強弱。

前後兩件事，看到的都是小國在大國夾縫中的處境。像齊這樣的大國，一旦內亂，無可避免必定波及周圍的國家。譚國所做的，其實不過就是和魯國一樣，在齊國內亂中選錯了邊。魯國賭在公子糾身上，譚國很可能只是保持中立不表態。然而亂平之後，為了建立威信，齊桓公就出兵懲罰這些當時沒有站在他那邊的國家。魯國夠大，雖然一敗於乾時，還有辦法在長勺一戰扳回局面。譚國就可憐了，完全不是齊國對手，直接被滅掉了，譚子勉強得以身免。至於他為什麼逃到莒國去呢？回頭看一下，當時公子小白（齊桓公）出亡，就是去投奔莒國，莒國有恩於齊桓公，才有辦法庇護譚子。

誰是稱職的國君

《史記・太史公自序》中說：「**《春秋》之中，弒君三十六，亡國五十二，諸侯奔走不得保其社稷者不可勝數。**」短短兩、三年的記錄中，我們就看到了公孫無知弒君，看到了譚國亡國，看到了蔡哀侯奔走不得保其社稷。為什麼會這樣？太史公的解釋是：「**察其所以，皆失其本已。**」失掉了根本的封建秩序行為準繩。而我們可以更進一步解釋：原有的封建結構，使得各國之間彼此連動，更惡化了動亂的範圍與程度。

齊國內亂，不會只是齊國自己的事。公子小白奔莒，莒就牽連進來；公子糾奔魯，魯也牽連進來。甚至光只是小白路過譚，譚竟然也就因此亡國了。譚子可不可以聰明些，知道好好善待公子小白，如此就能避禍呢？不見得。

他要是選擇善待小白，難道不會惹來公孫無知的報復嗎？後來如果是公子糾而不是公子小白繼承了齊國國君位子，譚國不會因此而被公子糾報復嗎？

小國根本沒有太大的選擇自由，只能被時局擺弄。滅掉小國後的大國變得更大，也就有更強的動機侵奪其他小國，同時大國與大國之間的緩衝也就愈來愈少，彼此爭鬥只會愈形激烈。

魯莊公十一年。《左傳》的第一條：「**十一年夏，宋為乘丘之役故，侵我。公禦之。宋師未陳而薄之，敗諸鄑。**」這一年的夏天，宋國出兵侵入魯國境內。「侵我」，意味著宋國軍隊直接進入國境，並沒有停留在一地等魯國派軍隊來迎戰。宋國怎麼會做出這麼嚴重的事來？前一年，宋國和齊國一起出兵，魯國卻選擇攻擊宋國，在乘丘打敗了宋國軍隊，瓦解了宋、齊聯軍。這件事對宋國當然很傷。宋國和魯國一樣，是第一等的封侯，國君的頭銜是「公」，因而也就自視為大國，魯國用這種方式對待他們，擺明了宋國好欺負，他們吞不下這口氣。

「公禦之」，表示魯莊公親自帶兵前往防禦宋軍，趁著宋國軍隊還沒列陣完成，魯國軍隊就衝過去了。「陳」就是「陣」，「薄」就是「迫」。於是在「鄑」這個地方打敗了宋軍。因為不是列好陣正面打的仗，所以叫做「敗」。

這意味著，兩年之間，魯和宋連續兩場大戰，兩次都是宋國挑釁入侵，而且兩次都以魯國獲勝收場。宋國的地位因此大受影響。而後面還有更倒楣的事在等著宋國。《左傳》接著記錄：「**秋，宋大水。公使弔焉，曰：『天作淫雨，害於粢盛，若之何不弔？』對曰：『孤實不敬，天降之災，又以為君憂，拜命之辱。』**」

宋國在秋天遭遇了大水災，人命和財產損失嚴重。儘管連續兩年和宋國打仗，魯莊公還是決定派遣使者前往慰問。他說：「天降下大雨，將農作物都摧毀了，怎麼能不去慰問？」魯國的使者將這話轉達給宋的國君宋閔公，宋閔公用謙卑的方式回應（對曰）：「這是我的錯，因為我對上天不夠敬謹所帶來的後果。上天降下了災禍懲罰我，竟然又使得魯國國君為此擔憂，承蒙這樣的關心，我實在擔待不起。」

「臧文仲曰：『宋其興乎！禹、湯罪己，其興也悖焉；桀、紂罪人，其亡也忽焉。且列國有兇，稱孤，禮也。言懼而名禮，其庶乎！』」

宋閔公對魯使者說的話，傳回魯國，以知禮著稱的魯大夫臧文仲評論說：「宋國將要繁盛發達了吧！夏禹和商湯遇到事情先怪罪自己，於是夏和商就突然興起了；夏桀和商紂剛好相反，遇到事情都怪別人，於是夏和商也就突然滅亡了。」知禮的人也必定熟知歷史，所以他用歷史的例子來作比擬，同時也可以看出周人的基本價值觀念認為做國君的要時時檢討自己的責任，把過錯推諉給別人，動不動懲罰底下的人，是亡國之君才會有的行為。

臧文仲另外指出一點：「遇到國家有兇事災難，國君要自貶、謙抑地自稱『孤』，這是合於禮的做法。宋閔公說話時表現出戰戰兢兢態度，又能用合於禮的稱呼，如此很像樣了！」「其庶乎」或「庶幾乎」，是古語中習慣的稱讚用語，本意是「差不多了」，引申為「做到這樣已經很不容易了」的意思。

「**既而聞之曰：『公子御說之辭也。』臧孫達曰：『是宜為君，有恤民之心。』**」之後又有新的訊息傳來，說那些話是宋閔公的弟弟公子御說替他準備的文辭。於是魯國另外一位重要的大夫臧孫達就評論：「那麼這個公子御說適合當國君啊！他有一顆同情、憐憫人民苦難的心。」

臧文仲和臧孫達的話，都是預言。《左傳》中記錄了很多預言，絕大部分都是準確的。當然我們可以說，那是因為撰寫、整理《左傳》的人已經看到這些事情的結果，很容易挑準確的講，忽略掉那些講錯了的。但重點是，藉由這些說中了的預言，《左傳》試圖要影響、說服其讀者，人事自有其顛撲不破的規則，什麼樣的因會生什麼樣的果，什麼樣的發展會有什麼樣的跡象。這既是對於封建秩序的辯護，同時也是一種嚴肅的政治理論與歷史哲學信念。

另外，臧孫達所說的，反映了春秋的另一項新鮮關懷——什麼樣的人適合擔任國君。原來的封建制度中，照理不存在這樣的問題。誰當國君，是由身分決定，不牽涉到能力。但春秋時代這種「**弒君三十六，亡國五十二，諸侯奔走不得保其社稷者不可勝數**」的環境，卻無可避免讓人意識到：對或不對的國君在位，會帶來截然不同的結果。有的國因此而坐大，有的國因此陷入災禍，乃至帶來滅亡。於是關於統治能力的討論，如何訂定統治能力的標準，就成了這個時候新興、愈來愈熱門的話題。

第五章　霸業形成

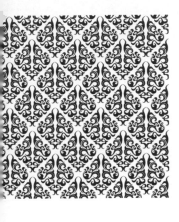

傳奇大力士的悲劇

接著來看發生在魯莊公十二年的事情。經文中說：「**秋八月甲午，宋萬弒其君捷及其大夫仇牧。**」《左傳》則往前回溯，給了來龍去脈的說明。「**乘丘之役，公以金僕姑射南宮長萬，公右歂孫生搏之。宋人請之。**」

前一年魯國大敗宋國軍隊的「乘丘之役」中，魯莊公曾用他的弓「金僕姑」（一說是箭，不過箭射出去就回不來，將箭命名實在不太合理）搭箭射中了宋國的大夫南宮長萬，然後和魯莊公同車的「車右」部將歂孫將南宮長萬給生擒俘虜了。宋人請求魯國將南宮長萬放回去。

「**宋公靳之，曰：『始吾敬子，今，子魯囚也，吾弗敬子也。』病之。**」魯國將南宮長萬放回宋國，宋閔公卻嘲笑南宮長萬，說：「以前我很怕你啊，沒想到，現在你竟然做了魯國的俘虜，我就不用再那樣怕你了。」依照《史記．宋微子世家》的說法，這件事發生在宋閔公和南宮長萬一起打獵時，兩人賭輸贏，為了爭搶獵物起了衝突，宋閔公負氣而說的。南宮長萬是個大力士，所以宋閔公說以前怕他，這裡「敬」是敬畏的意思，現在發現原來他也會被人在戰場上生擒，沒那麼厲害，就不必怕了。宋閔公這番話觸及了南宮長萬最屈辱的痛處，讓他極為在意、極度不爽。

這就是十二年秋宋國變局的前因，和魯國有關。接著：「**十二年秋，宋萬弒閔公于蒙澤。遇仇牧于門，批而殺之。遇大宰督于東宮之西，又殺之。立子游。**」哇，又來了一樁弒君案。「宋萬」就是前面說的南宮長萬。無法忍受如此被宋閔公奚落侮辱，既是重要大夫、又是勇士、又是大將的南宮長萬索性將宋閔公殺了。「蒙澤」是地名，可能又是另外一個宋閔公打獵居停之處。

南宮長萬一殺殺紅眼了，在門口遇到另一位大夫仇牧，就把仇牧也殺了。「批」是徒手擊打的意思，真可怕，沒有用武器，光是空手，南宮長萬也能殺人，可見他力氣有多大。「東宮」是諸侯的內室，顯然南宮長萬是進到宋閔公的內室殺了他，出來先遇見仇牧，殺了仇牧，再朝西走，要從中間的大門出去吧，途中遇到宋國的最高執政官華督，也把他殺了。這顯然是個性極衝動的一個人，被激怒時沒有多加考慮的衝動行為。

然後，南宮長萬就立宋國的公子子游當新的國君。「**群公子奔蕭，公子御說奔亳。南宮牛、猛獲帥師圍亳。**」突遭此變，宋閔公的兄弟、兒子們紛紛出逃，許多到了鄰近的蕭，宋閔公的弟弟公子御說則逃到了亳，這是殷商的舊都城所在之地，宋國本來就是殷人之後，亳在宋國境內。知道公子御說沒有逃離宋國，南宮長萬的兒子（一說是弟弟）南宮牛和另一名武將猛獲就率領軍隊圍攻亳城。

「冬十月，蕭叔大心及戴、武、宣、穆、莊之族，以曹師伐之。殺南宮牛于師，殺子游于宋，立桓公。」顯然，南宮長萬粗暴的做法，引起了宋國貴族的公憤。《左傳》這裡強調「戴、武、宣、穆、莊之族」，意味著宋國五代的王族後裔，聯合起來反對南宮長萬。而這些國君族裔，也就是前面提到的「群公子」，他們集體離開宋國都城，都到了蕭，在蕭的大夫大心支持下，援引了曹國的軍隊，討伐南宮長萬。先是在「師」這個地方打敗並殺了南宮牛，然後又長驅直入宋國都城，殺了由南宮長萬擁立的子游，改立宋桓公為國君。子游只當了兩個月國君，沒有得到列國的承認，所以就沒有謚號，從頭到尾都只稱「子游」，而宋桓公就是公子御說。

也就是說，南宮長萬將注意力放在防範公子御說，卻忽略了在蕭的「群公子」，讓「群公子」得以在蕭集結力量，動員了鄰國曹國軍隊，把他打敗了。

「猛獲奔衛。南宮萬奔陳，以乘車輦其母，一日而至。」看情勢不對，猛獲逃到衛國，南宮長萬自己也逃到陳國去。不過即使是逃走，他的氣魄也和人家不一樣。「輦」字的意思是用人的力量，而不是用牛、馬拉車。南宮長萬自己拉車，載著母親一起走，從宋國到陳國，兩百六十里，也就是超過一百公里的路程，他竟然一天就到了，這是什麼樣的神力！

有了這樣的後續發展，我們回頭就明白了，難怪《左傳》要特別記錄魯莊公自己射中了南宮長萬，還將南宮長萬生俘，這真是何其難得的事。我們也就能夠進一步理解，南宮長萬回到宋國，為什麼宋閔公要那樣開他玩笑——就連你那麼武勇的人，也有被魯國抓起來的一天啊！

「宋人請猛獲于衛。衛人欲勿與。石祁子曰：『不可。天下之惡一也，惡於宋而保於我，保之何補？得一夫而失一國，與惡而棄好，非謀也。』衛人歸之。」宋國要求衛國把猛獲引渡回來，衛國本來不打算答應。但衛國大夫石祁子說：「這樣是不可以的。所有的國家都有同樣的禁忌厭惡，都無法接受弒君作亂的行為。這個人在宋國被人厭惡，卻在我們國家得到庇護，庇護他對我們國家有任何好處嗎？就算他有什麼本事、有什麼價值，得到這樣一個人，卻得罪了宋國，是非不明，支持作亂而拋棄正確儀節，如此絕非善於為國家著想的作法。」接受了石祁子的建議，衛國就把猛獲送回了宋國。

石祁子明顯代表了封建秩序的原則，誰會贊成支持弒君作亂呢？那麼衛國原本不打算送還猛獲，又是什麼樣的考慮？那是從強弱消長而來的算計。鄰國動亂，對自己不見得是壞事。留著一個有本事可以帶兵的大夫，而且還是有可能擾亂宋國的猛獲，當然對衛國有好處。《左傳》站在維護傳統秩序的立場，將石祁子的話表現得正義凜然，但實質上，春秋最關鍵的時代特色正是如此：源自傳統秩序的答案，不再那麼理所當然，而是受到了嚴重的挑戰。

「**亦請南宮長萬，以賂。陳人使婦人飲之酒，而以犀革裹之。比及宋，手足皆見。宋人皆醢之。**」這裡我們馬上就看到了不遵守傳統原則，可能帶來的好處。宋國也向陳國請求引渡元凶南宮長萬。為了怕陳國不給，宋國準備了厚禮送給陳國。陳國被收買了，就使出美人計，派女人去陪南宮長萬喝酒，把他灌醉，才有辦法抓住他。抓住他之後，還不敢大意，用當時人認為最強韌、最牢靠的犀牛皮把南宮長萬緊緊裹住，送往宋國。載運了一百多公里，抵達宋國都城，一看，南宮長萬的手腳都已經從犀牛皮中硬是掙脫出來了。多可怕！他的力氣大到這種不可思議的程度，要是時間再拖長些，說不定就連犀牛皮也困不住他了。綁回到宋國的猛獲和南宮長萬，都被處以最嚴厲的極刑，砍成了肉醬。

這就是一代傳奇大力士南宮長萬的悲劇。

霸業之始

魯莊公十三年，經文說：「**十有三年春，齊侯、宋人、陳人、蔡人、邾人會于北杏。**」這樣的寫法，表示這場盟會是齊桓公主持的，其他宋、陳、蔡、邾等國則派代表來參加。《左傳》解釋了這個會的目的：「**十三年春，會于北杏，以平宋亂。**」原來是延續前面的記載，因為宋國在短短時間內連續殺了兩個國君，立了兩個新的國君，群公子都牽涉其中，為了解決宋國的動亂，而有此會。

《左傳》多加了一段插曲在這裡：「**遂人不至，夏，齊人滅遂而戍之。**」北杏之會，齊桓公還找了遂國來參加，但遂國卻沒有派使者來。過了幾個月，齊國就滅掉了遂國，並且派軍隊守衛原本遂國的封地。

文字很簡單，但記錄的卻是非同小可的歷史變化。封建秩序同時是一套親族秩序，你的阿姨和舅舅吵架了，你媽媽絕對不可能置身事外、妳外婆不會沒事、甚至連你爸爸都會被牽扯進去，這就是最簡單的親族秩序功能。藉由親族的網絡來幫忙解決紛爭。基於這樣的架構，所以宋國發生弒君亂事，其他國家就會介入來協助處理。

然而，介入的方式，有了重大變化。由大國齊國召集，指定相關的國家參加。原本基於親族系統來恢復秩序的形式，現在變成了是由霸者來行使其權力。

表現得最清楚的，就是「遂人不至」這件事。原先的親族關係中，阿姨和舅舅吵架，有人覺得從小最疼你舅舅的姨婆也應該一起來參加調停，姨婆想想，覺得她不想介入，她不來也就不來了。遂國的態度接近這樣，但是他們白目，沒有察覺局勢已經改變了。現在調停會議是有主席的，不參加調停會議等於不給主席面子、藐視主席，甚至可以說：會議用來伸張主席權威的作用，甚至還高於調停爭亂。

遂人挑戰了齊國的權威，讓別人都看到有國家是齊國叫不動的。看在齊國眼中，非同小可，尤其是齊國自己剛經歷襄公之死的動亂，格外敏感於主張、衛護自己的大國地位。

齊滅了遂，當然有殺雞儆猴的意味。而且，齊國的做法是很粗暴的，沒有什麼掩飾，直接就「戍之」，併吞下來作為國土的一部分，連擁立一個傀儡國君的手續都省掉了。這是齊桓公走向霸主的第一步。

下一步，經文記載在魯莊公十四年：「**十有四年春，齊人、陳人、曹人伐宋。**」而《左傳》則是從十三年發生的事連下來寫：「**宋人背北杏之會，十四年春，諸侯伐宋。齊請師于周。夏，單伯會之，取成於宋而還。**」

宋國不遵守北杏之會中協商好的結論，於是十四年春天，齊、陳、曹三國聯軍攻打宋國。宋國原來陷入無君的混亂，所以接受諸國介入調解，但隨後公子御說即位，情況很快穩定下來了，顯然在他們的認知中，恢復秩序之後的宋國，當然有權決定自己國內的事務，因而沒有繼續遵守執行北杏之會的結論。

但這樣的做法，挑戰、傷害了齊國的權威。齊國召開的國際會議形成的決議，如果可以輕易被宋國片面推翻，那以後誰還要來配合齊國，誰還會把齊國說的話當一回事呢？

所以出兵行動中帶頭的當然還是齊國，宋的背約和遂的不到，都在挑戰齊的權威地位，齊選擇以強硬態度施予懲罰。不過，宋和遂的大小高低相去甚遠，齊國當然不能用對待遂國的方式，對待實際上封建等級高他一等的宋國。所以齊國就去借用周天子的名義，要求周天子派兵參與伐宋行動。「單伯會之」，其實就只有單伯一個人來和三國聯軍會合，但這樣也就夠了，齊國要的本來就不是周天子的軍隊，而是周天子以某種形式出面相挺，就能用天子權威壓過宋公。迫於形勢，宋沒有和天子之師兵戎相見，投降求和。「取成於宋」的「成」，指的就是未戰而求和的意思。

這正就是後來「霸者」行使霸權的雛型。霸者一定要維持相當的軍事優勢，必要時訴諸於武力壓伏不從之國，但名義上，他們卻還是尊重周天子，實質上是以周天子的名義來遂行他們的獨斷意志，可以說是一種融合封建秩序與強弱邏輯的妥協辦法。

妖由人興也

再下來，《左傳》把眼光轉到鄭國，另一個傳統封建大國，記錄了發生在鄭國的動亂。「**鄭厲公自櫟侵鄭，及大陵，獲傅瑕。傅瑕曰：『苟舍我，吾請納君。』與之盟而赦之。六月甲子，傅瑕殺鄭子及其二子，而納厲公。**」

開頭的第一句話，讀起來莫名其妙。鄭厲公應該是鄭國國君，為什麼他會帶兵從櫟這個地方入侵鄭國呢？要了解這是怎麼回事，我們得回頭查《左傳．桓公十一年》及《左傳．桓公十五年》，看看距離這時候二十一年及十七年前，在鄭國所發生的事。

魯桓公十一年，鄭莊公去世，鄭國的一名下層大夫祭仲因為得到鄭莊公的寵信，被不次拔擢為上卿。祭仲為鄭莊公安排娶了鄧國女子為妻，生下了公子忽，所以祭仲就擁立公子忽為國君。不過鄭莊公另外有一名從宋國來的妾，叫雍姞的，生下了公子突，也就是後來的鄭厲公。

雍姞的家族在宋國有很大的勢力，受到宋莊公的重用，因而宋國就用計誘引了祭仲，將他抓起來，威脅他說：「如果你不改立公子突為國君，我們今天就殺了你。」宋人同時也抓了公子突，跟公子突索取保護費。祭仲為了保命，只好跟宋人盟約，帶了公子突回鄭國，推翻了公子忽，改由公子突繼位。

然而，公子突是借助祭仲的力量，才得以即位為鄭厲公，不得不對祭仲客氣對待，結果國政權力就都落入祭仲手中。祭仲專政了四年，到魯桓公十五年，鄭厲公受不了了，就唆使祭仲的女婿策畫謀殺祭仲。

《左傳》說：「**祭仲專，鄭伯患之，使其婿雍糾殺之。將享諸郊，**

雍姬知之，為其母曰：『父與夫孰親？』其母曰：『人盡夫也，父一而已，胡可比也？』」雍糾要在郊外宴請祭仲，藉機殺了他，但計畫被他的妻子，也就是祭仲的女兒雍姬知道了。雍姬去問媽媽：「爸爸和丈夫，哪個比較親呢？」媽媽告訴她：「那麼多男人都有可能成為你的丈夫，爸爸只有那麼一個，怎麼比呢？」

「**遂告祭仲曰：『雍氏捨其室而將享子於郊，吾惑之，以告。』祭仲殺雍糾，尸諸周氏之汪。**」於是雍姬去告訴父親祭仲說：「雍糾不在自己家裡，卻選在大老遠的郊外請你，我覺得很奇怪，特別來告訴你。」祭仲聽了就明白了，反而先下手殺了女婿雍糾，讓他的屍體在鄭國大夫周氏的水池浮現出來。這樣做，就是為了告訴鄭厲公他的計謀失敗了。

「**公載以出，曰：『謀及婦人，宜其死也。』夏，厲公出奔蔡。**」鄭厲公收了雍糾的屍體，放在車上出亡。對於計謀失敗心有餘恨，怨雍糾說：「計謀弄到讓婦人知道，死了活該。」厲公出亡到了蔡國。

然後，還有一條補充：「**秋，鄭伯因櫟人殺檀伯，而遂居櫟。**」到了蔡國幾個月後，鄭厲公鼓動櫟這個地方的人殺掉管轄的大夫檀伯，於是回到了櫟居住。櫟是鄭厲公原來的封地，他在那裡還有很大的影響勢力，祭仲拿他沒辦法，他就從蔡國回到鄭國。

此後十七年間，鄭厲公就住在櫟，但沒有放棄要重回都城當國君的企圖。魯莊公十四年，他從櫟帶著武力朝國都逼近，到了大陵，逮住了鄭國重要的大夫傅瑕。傅瑕為了保命，對鄭厲公說：「如果你放了我，我會想辦法讓你回都城當國君。」鄭厲公和傅瑕訂了約後，放了他。六月，傅瑕遵照承諾，將當時擔任國君的子儀和他的兩個兒子殺了，子儀其實擔任國君已經有十四年之久了，但因為後來沒有獲得謚號，就只能稱為「鄭子」。

鄭國發生了這樣的動亂，《左傳》連帶記錄了魯桓公的反應：「**初，**

內蛇與外蛇鬥於鄭南門中，內蛇死。六年而厲公入。公聞之，問於申繻曰：『猶有妖乎？』」六年之前，在鄭都城的南門，發生了兩條蛇互鬥互咬的怪事，結果城門內的蛇被咬死了。想起這件事，魯桓公就問魯國大夫說：「還是有妖孽作怪的事吧？」意思是，六年前的兩蛇相鬥，已經預示了在外面的鄭厲公會進城，而城內的子儀會被殺了。

「**對曰：『人之所忌，其氣焰以取之。妖由人興也。人無釁也，妖不自作。人棄常，則妖興，故有妖。』**」申繻回答：「人會害怕什麼，受到什麼事物影響，取決於他的氣勢、性質。妖是由人而起的，如果人沒有問題、沒有缺失，妖也不會從天上掉下來。人的行為背離了常規，才引來妖，這就是有妖的原因。」

申繻的話，反映了《左傳》和魯國文化的基本立場。在變動不安的時代，人們會格外積極想要找尋可以用來預測未來、提防災禍的規律，用反常的自然現象來對應、比擬人事，很容易流行。但是申繻所代表的價值，卻極力反抗如此的信念。他們無法接受人脫開己身行為的責任，將之視為外在神祕力量作祟，堅持還是要拉回到人的行為因果關係上，只要人按常理規範而行，就不必擔心被反常現象影響。不是反常自然現象主宰人，給人事帶來相應的反常動亂；而是剛好相反，是人的反常行為刺激、引發了自然的怪誕妖孽現象。

這套思考模式，後來進入儒家傳統，到了漢代，就發展成「災異說」，大自然的「災異」被視為是由人事偏差引發，或代表對於人事有所偏差的警告。所以遇到「災異」時的反應，就是回頭反省、檢討，尤其是反省、檢討上位者，做錯、做壞了什麼事，去找出該為「災異」負責的人與行為。

什麼才是應該效忠的對象？

記錄完了魯莊公的疑惑後，《左傳》回到鄭國，繼續敘述鄭厲公的所作所為：「**厲公入，遂殺傅瑕。使謂原繁曰：『傅瑕貳，周有常刑，既服其罪矣。納我而無二心者，吾皆許之上大夫之事。吾願與伯父圖之。且寡人出，伯父無裡言；入，又不念寡人，寡人憾焉。』**」

鄭厲公重新成為國君，他做的第一件事，竟然是殺了協助他的傅瑕。然後他派人去對鄭國大夫原繁說：「傅瑕被殺，因為他不忠，為了保命，背叛出賣了自己原來的國君，對於這種不忠的行為，我們周朝本來就有固定的懲罰，他現在已經為他的罪行付出代價了。其他沒有背叛行為，現在接納我的人，我都承諾給予上大夫的職務。我願意和伯父（原繁在宗族關係上高鄭厲公一輩，所以尊稱為「伯父」）好好商量統治鄭國的事。當時我出亡，伯父不曾在都城裡替我說話；現在我重新即位，你又不過來親近我（「念」在這裡是親近的意思），讓我深感遺憾。」

這段話是對原繁的指責，表示：別人都來對我表示效忠，也因此得到了地位提升作為酬勞，只有你，當年沒有支持我，現在還不趕快來依附我！

針對鄭厲公的指責，原繁表達了他對於「忠」這件事的政治哲學思考。**「對曰：『先君桓公命我先人典司宗祏，社稷有主，而外其心，其何貳如之！……』」**原繁說：「鄭桓公時命令我的先祖負責管理宗廟內室，再重要不過的一個職位。國家有國君在祭祀社稷時擔任主祭，若是擔負如此隆崇責任的人，心中還有外人，那是再嚴重不過的貳心不忠！」

他對鄭厲公表明：這樣一個家族，效忠的對象是社稷、是國家，而不是任何個人。當子儀作為鄭國社稷主人時，如果我還心向著你，幫你說話、跟你通風報信，那我怎麼對得起自己大夫家的職責呢？

「『**苟主社稷，國內之民，其誰不為臣？臣無貳心，天之制也……**』」「如果掌管了社稷，成為國君，那麼有誰不為你服務呢？天經地義的第一條道理，就是作為臣下的，不能夠有二心，不能夠不忠。」然而，原繁的「忠」，首先是忠於社稷，其次才是忠於掌管社稷的人。這也就解釋了他自己的立場，子儀當國君時，他絕對不會像傅瑕那樣去支持鄭厲公，但既然鄭厲公現在已經成了國君，依照他效忠社稷的態度，那他也會效忠厲公。

「『**子儀在位十四年矣，而謀召君者，庸非二乎？莊公之子猶有八人，若皆以官爵行賂勸貳而可以濟事，君其若之何？臣聞命矣。乃縊而死。**』」「子儀在位已經十四年（意思是他是不折不扣的國君），那麼計謀讓你入都成為君的那個人（指傅瑕），豈不就是背叛國君有貳心的貳臣嗎？你父親鄭莊公的兒子，還有八個人活著，如果都用承諾未來給予更高的爵位成功地鼓勵人臣背叛，那你又要如何自處呢？」原繁要告訴厲公的是：你利用了傅瑕的貳心得以即位，即位之後再以官爵行賂來要求大家對你忠心不二，這種邏輯是前後矛盾的。我不過就是謹守作為大夫的本位，你卻要來怪罪我，這也是不對的。

但既然知道鄭厲公懷疑他的忠心，原繁也不留戀生命，他就上吊自殺了。

關鍵在於：儘管子儀當了十四年的國君，但復位後的鄭厲公不承認，所以他不給子儀諡號，也不認為原繁對子儀的效忠是應該的。這裡有著效忠對象的衝突：原繁效忠國君的名分和位子，鄭厲公卻堅持臣子應該效忠他個人。他當過國君，等到他被趕出去時，這些人轉而支持子儀，在他看來就是背叛，就是貳心；但從原繁的角度看，卻是雖然國君換了人，大夫對於國君位分與權力的效忠，沒有改變。而原繁也就信守自己所說的原則，既然厲公重新即位成為國君，厲公所說的話就是大夫應該遵從的命令，既然厲公表示了對他的強烈不滿，他就領命自殺了。

野火燎原

接著，莊公十四年的經文中，有很簡短的一條：「**秋七月，荊入蔡。**」讀《左傳》，我們就知道這是前面記錄過的事件後續發展：「**蔡哀侯為莘故，繩息媯以語楚子。**」前面講過，魯莊公十年，蔡哀侯得罪了息國，息侯假借楚國力量懲罰蔡國，楚軍在莘這個地方打敗了蔡國軍隊，連蔡哀侯都被楚國給綁了回去。這裡繼續講接著發生的事。到了楚國之後，蔡哀侯處心積慮想要為之前的事報仇。他想出了一個辦法：故意去對楚文王稱讚息侯的妻子息嬀有多漂亮、多迷人。「繩」是讚美的意思。

「**楚子如息，以食入享，遂滅息。以息嬀歸，生堵敖及成王焉。未言。**」息國很小很弱，所以當時必須假借楚國力量才能對付蔡國。楚文王被蔡哀侯的說詞逗得心癢癢的，於是就去到息國，息侯當然要設宴招待他，應該是經此機會楚文王見到了息嬀，發現息嬀還真如蔡哀侯形容的那樣美如天仙，一不作二不休，楚文王就出兵滅掉了息國，把息嬀帶回楚國娶為妻。息嬀在楚國，和楚文王生了兩個兒子，一個是堵敖，一個是後來的楚成王。雖然和楚文王有這樣的實質夫妻關係，但息嬀幾乎從來不主動說話。

「**楚子問之，對曰：『吾一婦人，而事二夫，縱弗能死，其又奚言？』楚子以蔡侯滅息，遂伐蔡。秋七月，楚入蔡。**」楚文王問她為什麼不主動說話，息嬀才回答：「我一個女人卻嫁了兩個丈夫，既然求死不得，難道還有什麼別的話好說嗎？」這樣的回答，讓楚文王有愧疚感，想到當時是在蔡哀侯的慫恿下才會滅了息國、搶來息嬀，所以這一年，楚文王就發兵攻打蔡國，一方面出氣，另一方面給息嬀安慰。七月，楚國軍隊占領了蔡國。

「君子曰：『《商書》所謂「惡之易也，如火之燎于原，不可鄉邇，其猶可撲滅」者，其如蔡哀侯乎！』」這裡，《左傳》記錄了一段評論，「君子」究竟是誰，我們無法確知，但他所說的話明顯代表了王官貴族的價值信念。「君子」引用《尚書．商書．盤庚》的文句，今本《尚書》裡少了「惡之易也」這四個字。這句話的意思是：「壞事向外蔓延，就像草原上火燒起來一樣，甚至連靠近都沒辦法，豈有可能予以撲滅呢？」「易」字就是蔓延的意思。

「君子」感嘆：《尚書》這話形容的，大概就是蔡哀侯這樣的行為吧！作惡會有傳染性，會帶來自己無法控制的連鎖反應。在草原上放了火，火一下子延燒出去，終究會將放火的人都吞噬了。蔡哀侯覬覦息嬀的美色，對人家不禮貌，竟然就引發了一連串的變化，弄到自己被俘虜，又使得息國被滅亡，最後連蔡國也被楚國強占了。

這反映了不能對小惡掉以輕心，必須防微杜漸的道德原則；另一方面這整件事也充分顯示了春秋時代的無常威脅，一個美女，一個不禮貌的舉措，結果竟然燎原成為涉及三國關係的大事，讓兩個國家莫名其妙失去了獨立自主，想想，活在如此環境裡還真是令人緊張、困惑啊！

國際新秩序

魯莊公十五年，經文說：「**十有五年春，齊侯、宋公、陳侯、衛侯、鄭伯會于鄄。**」齊、宋、陳、衛、鄭，五國國君舉行高峰會議，參與的都是東方傳統大國，而且還包括當時最強大的齊國在內，此事非同小可。

《左傳》的解釋是從十四年連著過來的：「**冬，會于鄄，宋服故也。十五年春，復會焉，齊始霸也。**」十四年冬天，因為宋國順服了「北杏之會」的決議，所以再度由周天子派來的單伯出面，讓齊、宋、衛、鄭四國國君相會，等於是正式結束了宋國的內亂。然而十五年春天，這幾位國君，多加一個陳國國君，沒有了單伯，再度集會，這是齊國作為「霸主」的開端。

第二次會於鄄，不再有周天子代表參加，更重要的，沒有特殊要處理的議題。所以這次高峰會等於純粹在顯示齊桓公的威望，他一聲號召，大家就都來了。藉由這種國君聯盟的新形勢，齊國對所有國家表示：作為這個聯盟的召集人，我隨時可以動員這麼多國家的勢力來處理問題，你們最好不要任意忽視我的意見與立場。如此而建立了一種新的「霸主」政治。

第一次鄄之會，還在舊封建規矩下，由周天子的代表主持，所以各國國君出席。按照這套舊規矩，如果是諸侯國君出面，是叫不來地位和他平等的他國國君的，只能請他國國君派大夫參加。第二次鄄之會，打破了這樣的慣例，齊桓公取得了高於他國國君的特殊地位，可以指揮他國國君來盟會，原本平行的諸侯之上，現在多了一個「霸主」的新角色、新層級。

齊桓公憑什麼取得這樣的權力？第一項條件，當然是憑藉齊國強大的武力。齊這個地區有著深厚的武勇傳統。《詩經．齊風》裡有多首以田獵為題材的詩，詩中歌頌打獵中的靈活冒險行為，這種精神很容易轉化為軍事武力的有利基礎。

不過光是武勇不足以解釋「霸主」的興起。第二項重要條件，是我們光讀短短幾年的《左傳》紀錄就一定能感受的——各國的內亂紛爭愈來愈頻密、也愈來愈嚴重，而且在動亂上，「國內」與「國外」或「國際」的界線愈來愈模糊，任何一國的兄弟父子之爭或大夫專擅僭越，都會透過封建親族關係蔓延影響其他國家。

這很像十九世紀到二十世紀初，第一次世界大戰爆發前的歐洲局勢。幾個家族，哈布斯堡、霍亨索倫、羅曼諾夫……互相聯姻互相牽制，彼此簽訂了祕密外交協定，結果搞到任何一個國家出問題時，立刻就經由複雜的聯盟協定擴散出去，一發不可收拾。於是發生在奧匈帝國的一樁偶然事件，竟然就燎原成為把全歐洲捲進去，甚至延燒到歐洲之外的第一次世界大戰了。

這個時期的東周局勢，也是國與國之間有著各式各樣公開或隱密的盟約，隨時可能爆發成為武力衝突，周天子完全無法對這些國有任何節制，弄得每個國其實都處於緊張焦慮中。緊張焦慮到達一個程度，他們也就有了擁立一位「霸主」的動機，希望這位「霸主」能維持秩序。「霸主」需要有強大武力，但「霸主」的存在絕對不是用武力來壓迫諸國的，而是藉由其武力給諸國一種相對和平的保障。

第三項條件，則多少是歷史時機上的偶然，這段時間產生較嚴重亂事的地方，都和齊國有著地緣或宗族上的關聯。齊國本身也經歷了齊襄公遇弒，小白和公子糾爭奪王位的過程，因而即位後的齊桓公對這種動亂的破壞，有著切身痛苦，也就會產生出面救亂的較強意願。

齊桓公始霸之後的第二年，魯莊公十六年冬天，《春秋》經文記錄：「**冬十有二月，會齊侯、宋公、陳侯、衛侯、鄭伯、許男、滑伯、滕子，同盟於幽。**」因為是魯國本位的記錄，所以說「會齊侯……」，實質上，這是前一年高峰會議的擴大版，當然還是由齊桓公召集，除了原本的五國國君之外，又多加了魯、許、滑、滕等國。魯國也不得不被納入在齊桓公建立的「霸主聯盟」中了。

「霸主」的運作，靠的就是這種高峰盟會。遇有亂事，「霸主」就召集相關國君相會，在會上大家對解決問題形成共識，相盟承諾，得到這些國君背書支持，盟約方案也就很容易實現了。

「霸主」其實沒有聽起來那麼「霸」，毋寧更接近一種集體領導的機制。齊桓公是第一位國君聯席會議的主席。在他之後，而有宋襄公、晉文公陸續接下「霸主」的角色，他們的所作所為，都記錄在《左傳》後面的內容中。

附錄

《左傳》選摘

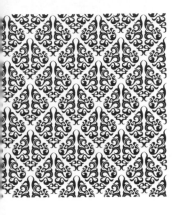

〈桓公十一年〉

經：十有一年春正月，齊人、衛人、鄭人盟于惡曹。

夏五月癸未，鄭伯寤生卒。

秋七月，葬鄭莊公。九月，宋人執鄭祭仲。突歸于鄭，鄭忽出奔衛。柔會宋公、陳侯、蔡叔，盟于折。公會宋公于夫鍾。

冬十月有二月，公會宋公于闞。

傳：十一年春，齊、衛、鄭、宋盟于惡曹。楚屈瑕將盟貳、軫。鄖人軍於蒲騷，將與隨、絞、州、蓼伐楚師。莫敖患之。鬬廉曰：「鄖人軍其郊，必不誡，且日虞四邑之至也。君次於郊郢，以禦四邑；我以銳師宵加于鄖，鄖有虞心而恃其城，莫有鬥志。若敗鄖師，四邑必離。」莫敖曰：「盍請濟師於王？」對曰：「師克在和，不在衆。商、周之不敵，君之所聞也。成軍以出，又何濟焉？」莫敖曰：「卜之？」對曰：「卜以決疑，不疑，何卜？」遂敗鄖師於蒲騷，卒盟而還。

鄭昭公之敗北戎也，齊人將妻之，昭公辭。祭仲曰：「必取之。君多內寵，子無大援，將不立。三公子皆君也。」弗從。

夏，鄭莊公卒。

初，祭封人仲足有寵於莊公，莊公使為卿。為公娶鄧曼，生昭公，故祭仲立之。宋雍氏女於鄭莊公，曰雍姞，生厲公。雍氏宗，有寵於宋莊公，故誘祭仲而執之，曰：「不立突，將死。」亦執厲公而求賂焉。祭仲與宋人盟，以厲公歸而立之。

秋九月丁亥，昭公奔衛。己亥，厲公立。

〈桓公十五年〉

經：十有五年春二月，天王使家父來求車。三月乙未，天王崩。

夏四月己巳，葬齊僖公。五月，鄭伯突出奔蔡，鄭世子忽復歸于鄭。許叔入于許。公會齊侯于艾。邾人、牟人、葛人來朝。

秋九月，鄭伯突入于櫟。

冬十有一月，公會宋公、衛侯、陳侯于袲，伐鄭。

傳：十五年春，天王使家父來求車，非禮也。諸侯不貢車、服，天子不私求財。

祭仲專，鄭伯患之，使其婿雍糾殺之。將享諸郊，雍姬知之，謂其母曰：「父與夫孰親？」其母曰：「人盡夫也，父一而已，胡可比也？」遂告祭仲曰：「雍氏舍其室而將享子於郊，吾惑之，以告。」祭仲殺雍糾，尸諸周氏之汪。公載以出，曰：「謀及婦人，宜其死也。」

夏，厲公出奔蔡。六月乙亥，昭公入。許叔入于許。公會齊侯于艾，謀定許也。

秋，鄭伯因櫟人殺檀伯，而遂居櫟。

冬，會于袲，謀伐鄭，將納厲公也。弗克而還。

〈桓公十六年〉

經：十有六年春正月，公會宋公、蔡侯、衛侯于曹。
夏四月，公會宋公、衛侯、陳侯、蔡侯伐鄭。
秋七月，公至自伐鄭。
冬，城向。十有一月，衛侯朔出奔齊。

傳：十六年春正月，會于曹，謀伐鄭也。
夏，伐鄭。
秋七月，公至自伐鄭，以飲至之禮也。
冬，城向，書，時也。
初，衛宣公烝於夷姜，生急子，屬諸右公子。為之娶於齊，而美，公取之，生壽及朔，屬壽於左公子。夷姜縊。宣姜與公子朔構急子。公使諸齊，使盜待諸莘，將殺之。壽子告之，使行。不可，曰：「棄父之命，惡用子矣？有無父之國則可也。」及行，飲以酒。壽子載其旌以先，盜殺之。急子至，曰：「我之求也，此何罪？請殺我乎！」又殺之。二公子故怨惠公。十一月，左公子洩、右公子職立公子黔牟。惠公奔齊。

〈桓公十七年〉

經：十有七年春正月丙辰，公會齊侯、紀侯盟于黃。二月丙午，公會邾儀父，盟于趡。
夏五月丙午，及齊師戰于奚。六月丁丑，蔡侯封人卒。
秋八月，蔡季自陳歸于蔡。癸巳，葬蔡桓侯。及宋人、衛人伐邾。
冬十月朔，日有食之。

傳：十七年春，盟于黃，平齊、紀，且謀衛故也。乃邾儀父盟于趡，尋蔑之盟也。
夏，及齊師戰于奚，疆事也。於是齊人侵魯疆，疆吏來告，公曰：

「疆場之事，慎守其一，而備其不虞。姑盡所備焉。事至而戰，又何謁焉？」蔡桓侯卒。蔡人召蔡季于陳。

秋，蔡季自陳歸于蔡，蔡人嘉之也。伐邾，宋志也。

冬十月朔，日有食之。不書日，官失之也。天子有日官，諸侯有日御。日官居卿以厎日，禮也。日御不失日，以授百官于朝。

初，鄭伯將以高渠彌為卿，昭公惡之，固諫，不聽，昭公立，懼其殺己也。辛卯，弒昭公，而立公子亹。君子謂「昭公知所惡矣」。公子達曰：「高伯其為戮乎？復惡已甚矣。」

〈桓公十八年〉

經：十有八年春王正月，公會齊侯于濼。公與夫人姜氏遂如齊。

夏四月丙子，公薨于齊。丁酉，公之喪至自齊。

秋七月。

冬十有二月己丑，葬我君桓公。

傳：十八年春，公將有行，遂與姜氏如齊。申繻曰：「女有家，男有室，無相瀆也，謂之有禮。易此，必敗。」公會齊侯于濼，遂及文姜如齊。齊侯通焉。公謫之，以告。

夏四月丙子，享公。使公子彭生乘公，公薨于車。魯人告于齊曰：「寡君畏君之威，不敢寧居，來修舊好。禮成而不反，無所歸咎，惡於諸侯。請以彭生除之。」齊人殺彭生。

秋，齊侯師于首止；子亹會之，高渠彌相。七月戊戌，齊人殺子亹，而轘高渠彌，祭仲逆鄭子于陳而立之。是行也，祭仲知之，故稱疾不往。人曰：「祭仲以知免。」仲曰：「信也。」周公欲弒莊王而立王子克。辛伯告王，遂與王殺周公黑肩。王子克奔燕。

初，子儀有寵於桓王，桓王屬諸周公。辛伯諫曰：「并后、匹嫡、兩政、耦國，亂之本也。」周公弗從，故及。

〈莊公元年〉

經：元年春王正月。三月，夫人孫於齊。

夏，單伯送王姬。

秋，築王姬之館於外。

冬十月乙亥，陳侯林卒。王使榮叔來錫桓公命。王姬歸於齊。齊師遷紀、郱、鄑、郚。

傳：元年春，不稱即位，文姜出故也。三月，夫人孫於齊。不稱姜氏，絕不為親，禮也。

秋，築王姬之館于外。為外，禮也。

〈莊公二年〉

經：二年春王二月，葬陳莊公。

夏，公子慶父帥師伐於餘丘。
秋七月，齊王姬卒。
冬十有二月，夫人姜氏會齊侯於禚。乙酉，宋公馮卒。
傳：二年冬，夫人姜氏會齊侯於禚。書，姦也。

〈莊公三年〉

經：三年春王正月，溺會齊師伐衛。
夏四月，葬宋莊公。五月，葬桓王。
秋，紀季以酅入於齊。
冬，公次於滑。
傳：三年春，溺會齊師伐衛，疾之也。
夏五月，葬桓王，緩也。
秋，紀季以酅入於齊，紀於是乎始判。

冬，公次於滑，將會鄭伯，謀紀故也。鄭伯辭以難。凡師，一宿為舍，再宿為信，過信為次。

〈莊公四年〉

經：四年春王二月，夫人姜氏享齊侯於祝丘。三月，紀伯姬卒。夏，齊侯、陳侯、鄭伯遇於垂。紀侯大去其國。六月乙丑，齊侯葬紀伯姬。

秋七月。

冬，公及齊人狩於禚。

傳：四年春王三月，楚武王荊尸，授師孑焉，以伐隨。將齊，入告夫人鄧曼曰：「余心蕩。」鄧曼歎曰：「王祿盡矣。盈而蕩，天之道也。先君其知之矣，故臨武事，將發大命，而蕩王心焉。若師徒無虧，王薨於行，國之福也。」王遂行，卒於樠木之下。令尹鬬祁、莫敖屈重除道、梁溠，營軍臨隨，隨人懼，行成。莫敖以王命入盟隨侯，且請為會於漢汭，而還。濟漢而後發喪。

紀侯不能下齊，以與紀季。

夏，紀侯大去其國，違齊難也。

〈莊公五年〉

經：五年春王正月。

夏，夫人姜氏如齊師。

秋，郳犁來來朝。

冬，公會齊人、宋人、陳人、蔡人伐衛。

傳：五年秋，郳犁來來朝，名，未王命也。

冬，伐衛納惠公也。

〈莊公六年〉

經：六年春王正月，王人子突救衛。

夏六月，衛侯朔入於衛。

秋，公至自伐衛。螟。

冬，齊人來歸衛俘。

傳：六年春，王人救衛。

夏，衛侯入。放公子黔牟於周，放甯跪于秦，殺左公子泄、右公子職，乃即位。君子以二公子之立黔牟為不度矣。夫能固位者，必度於本末，而後立衷焉。不知其本，不謀；知本之不枝，弗強。《詩》云：「本枝百世。」

冬，齊人來歸衛寶，文姜請之也。

楚文王伐申，過鄧。鄧祁侯曰：「吾甥也。」止而享之。騅甥、聃甥、養甥請殺楚子，鄧侯弗許。三甥曰：「亡鄧國者，必此人也。若不早圖，後君噬齊。其及圖之乎！圖之，此為時矣。」鄧侯曰：「人將不食吾餘。」對曰：「若不從三臣，抑社稷實不血食，而君焉取餘？」弗從。還年，楚子伐鄧。十六年，楚復伐鄧，滅之。

〈莊公七年〉

經：七年春，夫人姜氏會齊侯於防。
夏四月辛卯，夜，恆星不見。夜中，星隕如雨。
秋，大水。無麥、苗。冬，夫人姜氏會齊侯於穀。

傳：七年春，文姜會齊侯於防，齊志也。
夏，恆星不見，夜明也；星隕如雨，與雨偕也。
秋，無麥、苗，不害嘉穀也。

〈莊公八年〉

經：八年春王正月，師次於郎，以俟陳人，蔡人。甲午，治兵。

夏，師及齊師圍郕。郕降於齊師。

秋，師還。

冬十有一月癸未，齊無知弒其君、諸兒。

傳：八年春，治兵於廟，禮也。

夏，師及齊師圍郕。郕降於齊師。仲慶父請伐齊師。公曰：「不可。我實不德，齊師何罪？罪我之由。《夏書》曰：『皋陶邁種德，德，乃降。』姑務修德，以待時乎。」

秋，師還。君子是以善魯莊公。

齊侯使連稱、管至父戍葵丘。瓜時而往，曰：「及瓜而代。」期戍，公問不至。請代，弗許，故謀作亂。僖公之母弟曰夷仲年，生公孫無知，有寵於僖公，衣服禮秩如適。襄公絀之。二人因之以作亂。連稱有從妹在公宮，無寵，使間公，曰：「捷，吾以汝為夫人。」

冬十二月，齊侯游於姑棼，遂田於貝丘。見大豕，從者曰：「公子彭生也！」公怒曰：「彭生敢見！」射之，豕人立而啼，公懼，隊於車，傷足喪屨。反，誅屨於徒人費。弗得，鞭之，見血。走出，遇賊於門，劫而束之。費曰：「我奚御哉！」袒而示之背，信之。費請先入，伏公而出，鬥，死於門中。石之紛如死于階下。遂入，殺孟陽于床。曰：「非君也，不類。」見公之足于戶下，遂弒之，而立無知。

初，襄公立，無常。鮑叔牙曰：「君使民慢，亂將作矣。」奉公子小白出奔莒。亂作，管夷吾、召忽奉公子糾來奔。

〈莊公九年〉

經：九年春，齊人殺無知。公及齊大夫盟於既。
夏，公伐齊，納子糾。齊小白入於齊。
秋七月丁酉，葬齊襄公。八月庚申，及齊師戰於乾時，我師敗績。
九月，齊人取子糾殺之。
冬，浚洙。

傳：初，公孫無知虐於雍廩，九年春，雍廩殺無知。公及齊大夫盟於蔇，齊無君也。
夏，公伐齊，納子糾。桓公自莒先入。
秋，師及齊師戰于乾時，我師敗績。公喪戎路，傳乘而歸。秦子、梁子以公旗辟于下道，是以皆止。鮑叔帥師來言曰：「子糾，親也，請君討之。管、召、讎也，請受而甘心焉。」乃殺子糾於生竇，召忽死之，管仲請囚，鮑叔受之。及堂阜而稅之，歸而以告曰：「管夷吾治於高傒，使相可也。」公從之。

〈莊公十年〉

經：十年春王正月，公敗齊師於長勺。二月，公侵宋。三月，宋人遷宿。

夏六月，齊師、宋師次於郎。公敗宋師於乘丘。

秋九月，荊敗蔡師於莘，以蔡侯獻舞歸。

冬十月，齊師滅譚，譚子奔莒。

傳：十年春，齊師伐我，公將戰。曹劌請見。其鄉人曰：「肉食者謀之，又何間焉？」劌曰：「肉食者鄙，未能遠謀。」乃入見。問何以戰。公曰：「衣食所安，弗敢專也，必以分人。」對曰：「小惠未徧，民弗從也。」公曰：「犧牲、玉帛，弗敢加也，必以信。」對曰：「小信未孚，神弗福也。」公曰：「小大之獄，雖不能察，必以情。」對曰：「忠之屬也，可以一戰。戰，則請從。」公與之乘。戰於長勺。公將鼓之，劌曰：「未可。」齊人三鼓，劌曰：「可矣。」齊師敗績。公將馳之，劌曰：「未可。」下，視其轍，登軾而望之，曰：「可矣。」遂逐齊師。既克，公問其故。對曰：「夫戰，勇氣也，一鼓作氣，再而衰，三而竭。彼竭我盈，故克之。夫大國，難測也，懼有伏焉。吾視其轍亂，望其旗靡，故逐之。」

夏六月，齊師、宋師次於郎。公子偃曰：「宋師不整，可敗也。宋敗，齊必還。」請擊之。公弗許。自雩門竊出，蒙皋比而先犯之。公從之。大敗宋師於乘丘。齊師乃還。

蔡哀侯娶於陳，息侯亦娶焉。息嬀將歸，過蔡。蔡侯曰：「吾姨也。」止而見之，弗賓。息侯聞之，怒，使謂楚文王曰：「伐我，吾求救於蔡而伐之。」楚子從之。秋九月，楚敗蔡師於莘，以蔡侯獻舞歸。

齊侯之出也，過譚，譚不禮焉。及其入也，諸侯皆賀，譚又不至。冬，齊師滅譚，譚無禮也。譚子奔莒，同盟故也。

〈莊公十一年〉

經：十有一年春王正月。
夏五月，戊寅，公敗宋師於鄑。
秋，宋大水。
冬，王姬歸於齊。

傳：十一年夏，宋為乘丘之役故，侵我。公禦之，宋師未陳而薄之，敗諸鄑。凡師，敵未陳曰敗某師；皆陳曰戰；大崩曰敗績；得儁曰克；覆而敗之曰取某師；京師敗曰「王師敗績於某」。秋，宋大水。公使弔焉，曰：「天作淫雨，害於粢盛，若之何不弔？」對曰：「孤實不敬，天降之災，又以為君憂，拜命之辱。」

臧文仲曰：「宋其興乎！禹、湯罪己，其興也悖焉、桀、紂罪人，其亡也忽焉。且列國有凶，稱孤，禮也。言懼而名禮，其庶乎。」既而聞之曰公子御說之辭也。臧孫達曰：「是宜為君，有恤民之心。」

冬，齊侯來逆共姬。

〈莊公十二年〉

經：十有二年春王三月，紀叔姬歸於酅。

夏四月。

秋八月甲午，宋萬弒其君捷及其大夫仇牧。

十月，宋萬出奔陳。

傳：乘丘之役，公以金僕姑射南宮長萬，公右歂孫生搏之。宋人請之，宋公靳之，曰：「始吾敬子，今子，魯囚也，吾弗敬子矣。」病之。十二年秋，宋萬弒閔公於蒙澤。遇仇牧于門，批而殺之。遇大宰督於東宮之西，又殺之。立子游。群公子奔蕭。公子御說奔亳。南宮牛、猛獲帥師圍亳。

冬十月，蕭叔大心及戴、武、宣、穆、莊之族，以曹師伐之。殺南宮牛于師，殺子游于宋，立桓公。猛獲奔衛。南宮萬奔陳，以乘車輦其母，一日而至。宋人請猛獲於衛。衛人欲勿與，石祁子曰：「不可。天下之惡一也，惡於宋而保於我，保之何補？得一夫而失一國，與惡而棄好，非謀也。」衛人歸之。亦請南宮萬於陳，以賂。陳人使婦人飲之酒，而以犀革裹之。比及宋，手足皆見。宋人皆醢之。

〈莊公十三年〉

經：十有三年春，齊侯、宋人、陳人、蔡人、邾人會於北杏。

夏六月，齊人滅遂。

秋七月。

冬，公會齊侯盟於柯。

傳：十三年春，會於北杏，以平宋亂。遂人不至，夏，齊人滅遂而戍之。

冬，盟於柯，始及齊平也。

〈莊公十四年〉

經：十有四年春，齊人、陳人、曹人伐宋。

夏，單伯會伐宋。

秋七月，荊入蔡。

冬，單伯會齊侯、宋公、衛侯、鄭伯於鄄。

傳：宋人背北杏之會，十四年春，諸侯伐宋，齊請師於周。夏，單伯會之，取成於宋而還。

鄭厲公自櫟侵鄭，及大陵，獲傅瑕。傅瑕曰：「茍舍我，吾請納君。」與之盟而赦之。六月甲子，傅瑕殺鄭子及其二子，而納厲公。

初，內蛇與外蛇鬥於鄭南門中，內蛇死。六年而厲公入。公聞之，問於申繻曰：「猶有妖乎？」對曰：「人之所忌，其氣焰以取之。妖由人興也。人無釁焉，妖不自作。人棄常，則妖興，故有妖。」

厲公入，遂殺傅瑕。使謂原繁曰：「傅瑕貳，周有常刑，既服其罪矣。納我而無二心者，吾皆許之上大夫之事，吾願與伯父圖之。且寡人出，伯父無裡言；入，又不念寡人，寡人憾焉。」對曰：「先君桓公命我先人典司宗祏。社稷有主，而外其心，其何貳如之？茍主社稷，國內之民，其誰不為臣？臣無二心，天之制也。子儀在位十四年矣，而謀召君者，庸非二乎？莊公之子猶有八人，若皆以官爵行賂勸貳而可以濟事，君其若之何？臣聞命矣。」乃縊而死。

蔡哀侯為莘故，繩息嬀以語楚子。楚子如息，以食入享，遂滅息。以息嬀歸，生堵敖及成王焉。未言。楚子問之，對曰：「吾一婦人，而事二夫，縱弗能死，其又奚言？」楚子以蔡侯滅息，遂伐蔡。秋七月，楚入蔡。

君子曰：「《商書》所謂『惡之易也，如火之燎於原，不可鄉邇，其猶可撲滅』者，其如蔡哀侯乎。」

〈莊公十五年〉

經：十有五年春，齊侯、宋公、陳侯、衛侯、鄭伯會於鄄。

夏，夫人姜氏如齊。

秋，宋人、齊人、邾人伐郳。

鄭人侵宋。冬十月。

傳：（十四年）冬，會於鄄，宋服故也。十五年春，復會焉，齊始霸也。秋，諸侯為宋伐郳。鄭人間之而侵宋。

〈莊公十六年〉

經：十有六年春王正月。

夏，宋人、齊人、衛人伐鄭。

秋，荊伐鄭。

冬十有二月，會齊侯、宋公、陳侯、衛侯、鄭伯、許男、滑伯、滕子，同盟於幽。邾子克卒。

傳：十六年夏，諸侯伐鄭，宋故也。鄭伯自櫟入，緩告於楚。秋，楚伐鄭，及櫟，為不禮故也。鄭伯治與於雍糾之亂者。九月，殺公子閼，刖強鉏。公父定叔出奔衛。三年而復之，曰：「不可使共叔無後於鄭。」使以十月入，曰：「良月也，就盈數焉。」
君子謂：「強鉏不能衛其足。」
冬，同盟於幽，鄭成也。王使虢公命曲沃伯以一軍為晉侯。
初，晉武公伐夷，執夷詭諸。蔿國請而免之。既而弗報。故子國作亂，謂晉人曰：「與我伐夷而取其地。」遂以晉師伐夷，殺夷詭諸。周公忌父出奔虢。惠王立而復之。

〈昭公二十三年〉

經：二十有三年春王正月，叔孫婼如晉。癸丑，叔鞅卒。晉人執我行人叔孫婼。晉人圍郊。
夏六月，蔡侯東國卒于楚。
秋七月，莒子庚輿來奔。戊辰，吳敗頓、胡、沈、蔡、陳、許之師於雞父。胡子髡、沈子逞滅，獲陳夏齧。天王居于狄泉。尹氏立王子朝。八月乙未，地震。
冬，公如晉，至河，有疾，乃復。

傳：二十三年春王正月壬寅朔，二師圍郊。癸卯，郊、鄩潰。丁未，晉師在平陰，王師在澤邑。王使告間，庚戌，還。邾人城翼，還，將自離姑。公孫鉏曰：「魯將御我。」欲自武城還，循山而南。徐鉏、丘弱、茅地曰：「道下遇雨，將不出，是不歸也。」遂自離姑。武城人塞其前，斷其後之木而弗殊，邾師過之，乃推而蹷之。遂取邾師，獲鉏、弱、地。邾人愬于晉，晉人來討。叔孫婼如晉，晉人執之。書曰：「晉人執我行人叔孫婼。」言使人也。晉人使與邾大夫坐，叔孫曰：「列國之卿當小國之君，固周制也。邾又夷也。寡君之命介子服回在，請使當之，不敢廢周制故也。」乃不果坐。韓宣子使邾人聚其眾，將以叔孫與之。叔孫聞之，去眾與兵而朝。士彌牟謂韓宣子曰：「子弗良圖，而以叔孫與其讎，叔孫必死之。魯亡叔孫，必亡邾。邾君亡國，將焉歸？

子雖悔之，何及？所謂盟主，討違命也。若皆相執，焉用盟主？」乃弗與，使各居一館。士伯聽其辭，而愬諸宣子，乃皆執之。士伯御叔孫，從者四人，過邾館以如吏。先歸邾子。士伯曰：「以芻蕘之難，從者之病，將館子於都。」叔孫旦而立，期焉。乃館諸箕。舍子服昭伯於他邑。范獻子求貨於叔孫，使請冠焉。取其冠法，而與之兩冠，曰：「盡矣。」為叔孫故，申豐以貨如晉。叔孫曰：「見我，吾告女所行貨。」見，而不出。吏人之與叔孫居於箕者，請其吠狗，弗與。及將歸，殺而與之食之。叔孫所館者，雖一日，必葺其牆屋，去之如始至。

夏四月乙酉，單子取訾，劉子取牆人、直人。六月壬午，王子朝入于尹。癸未，尹圉誘劉佗殺之。丙戌，單子從阪道，劉子從尹道伐尹。單子先至而敗，劉子還。己丑，召伯奐、南宮極以成周人戍尹。庚寅，單子、劉子、樊齊以王如劉。甲午，王子朝入于王城，次于左巷。

秋七月戊申，郹羅納諸莊宮。尹辛敗劉師于唐。丙辰，又敗諸郹。甲子，尹辛取西闈。丙寅，攻蒯，蒯潰。莒子庚輿虐而好劍，苟鑄劍，必試諸人。國人患之。又將叛齊。烏存帥國人以逐之。庚輿將出，聞烏存執殳而立於道左，懼將止死。苑羊牧之曰：「君過之！烏存以力聞可矣，何必以弒君成名？」遂來奔。

齊人納郊公。吳人伐州來，楚薳越帥師及諸侯之師奔命救州來。吳人禦諸鍾離。子瑕卒，楚師熸。吳公子光曰：「諸侯從於楚者眾，而皆小國也。畏楚而不獲已，是以來。吾聞之曰：『作事威克其愛，雖小，必濟』。胡、沈之君幼而狂，陳大夫齧壯而頑，頓與許、蔡疾楚政。楚令尹死，其師熸，帥賤、多寵，政令不壹。七國同役而不同心，帥賤而不能整，無大威命，楚可敗也。若分師先以犯胡、沈與陳，必先奔。三國敗，諸侯之師乃搖心矣。諸侯乖亂，楚必大奔。請先者去備薄威，後者敦陳整旅。」吳子從之。

戊辰晦，戰于雞父。吳子以罪人三千先犯胡、沈與陳，三國爭之。吳為三軍以繫於後，中軍從王，光帥右，掩餘帥左。吳之罪人或奔或止，三國亂，吳師擊之，三國敗，獲胡、沈之君及陳大夫。舍胡、沈之囚使奔許與蔡、頓，曰：「吾君死矣！」師譟而從之，三國奔，楚師大奔。書曰：「胡子髡、沈子逞滅，獲陳夏齧。」君臣之辭也。不言戰，楚未陳也。

八月丁酉，南宮極震。萇弘謂劉文公曰：「君其勉之！先君之力可濟也。周之亡也，其三川震。今西王之大臣亦震，天弃之矣！東王必大克。」

楚大子建之母在郹，召吳人而啟之。冬十月甲申，吳大子諸樊入郹，取楚夫人與其寶器以歸。楚司馬薳越追之，不及。將死，眾曰：「請遂伐吳以徼之。」薳越曰：「再敗君師，死且有罪。亡君夫人，不可以莫之死也。」乃縊於薳澨。

公為叔孫故如晉，及河，有疾，而復。

楚囊瓦為令尹，城郢。沈尹戌曰：「子常必亡郢！苟不能衛，城無益也。古者，天子守在四夷；天子卑，守在諸侯。諸侯守在四鄰；諸侯卑，守在四竟。慎其四竟，結其四援，民狎其野，三務成功。民無內憂，而又無外懼，國焉用城？今吳是懼，而城於郢，守已小矣。卑之不獲，能無亡乎？昔梁伯溝其公宮而民潰，民弃其上，不亡，何待？夫正其疆場，脩其土田，險其走集，親其民人，明其伍候，信其鄰國，慎其官守，守其交禮，不僭不貪，不懦不耆，完其守備，以待不虞，又何畏矣？詩曰：『無念爾祖，聿脩厥德。』無亦監乎若敖、蚡冒至于武、文？土不過同，慎其四竟，猶不城郢。今土數圻，而郢是城，不亦難乎？」

中國傳統經典選讀3
封建秩序的黃昏　左傳

2013年12月初版　　定價：新臺幣240元
2022年1初版第三刷

著者	楊照
叢書編輯	陳逸達
整體設計	江宜蔚

出版者	聯經出版事業股份有限公司	副總編輯	陳逸華
地址	新北市汐止區大同路一段369號1樓	總編輯	涂豐恩
叢書主編電話	(02)86925588轉5305	總經理	陳芝宇
台北聯經書房	台北市新生南路三段94號	社長	羅國俊
電話	(02)23620308	發行人	林載爵
台中分公司	台中市北區崇德路一段198號		
暨門市電話	(04)22312023		
郵政劃撥帳戶第	0100559-3號		
郵撥電話	(02)23620308		
印刷者	文聯彩色製版印刷有限公司		
總經銷	聯合發行股份有限公司		
發行所	新北市新店區寶橋路235巷6弄6號2F		
電話	(02)29178022		

行政院新聞局出版事業登記證局版臺業字第0130號

本書如有缺頁，破損，倒裝請寄回台北聯經書房更換。　ISBN 978-957-08-4314-9 (平裝)
聯經網址 http://www.linkingbooks.com.tw
電子信箱 e-mail:linking@udngroup.com

國家圖書館出版品預行編目資料

封建秩序的黃昏 左傳 / 楊照著 . 初版 . 新北市 . 聯經 .
2013年12月 . 192面 . 13.5×21公分 .（中國傳統經典選讀；3）
ISBN 978-957-08-4314-9（平裝）
[2022年1月初版第三刷]

1.左傳 2.研究考訂

621.737 102024649